U0509554

俞秀松画传

主　编　李瑊
副主编　王娟　俞敏

上海人民出版社
学林出版社

编委会

目录
CONTENTS

序

2019年是中国共产党和中国共青团的创始人之一，第一任团中央书记俞秀松诞辰120周年，由李瑊、俞敏、王娟联合编撰的《俞秀松画传》终于正式出版了，这是一件非常值得庆贺的事。

中国共产党近百年的历史，是一部波澜壮阔的史诗，无数的中国先进分子，为了民族的复兴，上下求索、前仆后继，书写了人生可歌可泣的壮丽画卷，俞秀松就是其中一位杰出的代表人物。

俞秀松1899年出生在浙江诸暨的一户诗书耕读之家，他天资聪颖，17岁时走出乡村，立志“让天下人有饭吃”，考入浙江第一师范学校，开始接触大量新思想、新学说。俞秀松走出家乡、踏上社会之际，正是新文化运动兴起，中国社会急剧变化、思潮激烈碰撞的年代，也是一批中国先进分子思想转变，开始登上历史舞台的年代。俞秀松的思想轨迹，正是中国最早一批接受马克思主义的先进分子的一个缩影，即经历了从激进的自由主义，向无政府主义，最终完成向马克思主义的转变。同一大批中国共产党创建者一样，俞秀松从开始接受马克思主义起，并不是仅仅从一种新思潮来理解和学习马克思主义，而是将其作为改造中国的指导思想，并用于实践。1920年6月，俞秀松参与了中国共产党的创建，是最早的五位成员之一，8月，又参与了上海社会主义青年团的创立，并任书记，是中国共产党、青年团的创建人之一。之后俞秀松参与中国共产党早期许多重大活动，如第一次国共合作、大革命风潮中的五卅运动，等等，确立了俞秀松在中国共产党历史上的地位。

当然，俞秀松作为中国共产党和中国共青团最早的思想者、实践者，研究意义远远不止于此，其绚丽短暂的人生，既同中国共产党许多重大历史事件相联系，也同世界共产主义运动更加广阔的历史舞台相联系。作为时代洪流中的重要一员，俞秀松的名字长期不为人知晓，被湮没在错综复杂的历史迷雾之中，其在中国共产党早期历史中的重要作用也不为人所提及。这也从一个侧面，反映了中国革命、世界共产主义运动的复杂性和艰巨性。1921年6—7月，俞秀松作为刚刚成立不久的中国共产党的代表之一，赴苏俄参加共产国际召开的第三次代表大会、青年共产国际第二次代表大会、远东各国共产党及民族革命团体第一次代表大会、远东青年代表大会，这是中国共产党首次登上国际共产主义运动舞台。1925 年 10 月，俞秀松第二次赴苏联，开始在苏联长达 10 年的学习和工作，期间历经坎坷。1935 年 6 月后，俞秀松受共产国际派遣，回到新疆开展工作，却不料被假道从新疆回国的王明等人诬指为“托派”，新疆盛世才当局以“阴谋暴动”为罪名将其逮捕。1938 年俞秀松被押往苏联，1939 年 2 月，在苏联莫斯科被错误杀害。俞秀松的生命永远停留在 40 岁。

改革开放后，随着党史研究的深入，以及苏联共产国际史料的披露，俞秀松的名字重新回到人们的视野，出版了相当数量的回忆录、专著和论文等，对宣传其革命历程、传承其革命精神，都起到了极大的推动作用。但总的来说，无论从数量还是质量，都还没有达到俞秀松在中国共产党历史上应有的高度，这也有待党史学界的共同努力。

此次由李瑊、俞敏、王娟联合编撰的《俞秀松画传》，就是国内研究、宣传俞秀松的最新成果。以画传的形式介绍俞秀松的生平和思想，在国内也是第一次。画传的几位作者，李瑊是大学教授，近年来致力于中国共产党早期历史的研究，对重要历史人物多有涉及，已有多项成果面世，产生了比较大的社会影响。俞敏是俞秀松的继子，多年致力收集整理境内外俞秀松的历史资料，足迹遍及俞秀松生活工作过的各个地方。他还专程赴中国台湾地区，并数度远赴俄罗斯，从封尘的历史档案中挖掘了大量珍贵史料和影像，为研究宣传俞秀松的革命历程和精神提供了扎实的基础，画传相当多的内容，就是这些新史料的首次呈现。王娟是中国社会主义青年团中央机关旧址纪念馆馆长，长期以来，一直挖掘、宣传中国社会主义青年团的光荣历史，对俞秀松的相关史料非常熟悉。几位作者的合作，既是优势的互补，也是共同努力的成果。

希望画传的出版，能成为进一步推动俞秀松研究和宣传的新起点，这既是向俞秀松等革命前辈的致敬，也是激励当下青年继承先辈遗志，传承革命精神，为实现中华民族伟大复兴而不懈奋斗。

徐建刚

2019 年 3 月

1

少年壮志

俞秀松，谱名寿松，字柏青，俄文名鲁宾·那利曼诺夫。1899年8月1日（清光绪二十五年己亥六月二十五日子时）出生于浙江省诸暨县正九都溪埭里（今诸暨市次坞镇溪埭村）。溪埭村古称城山里、孝乌村，是一座有着近600年建村历史的古村落，三面环山，风景秀丽。俞秀松在这里度过了青少年时期。

俞秀松曾祖俞世明（1788—1864），曾祖母唐氏（1800—1851）。祖父俞金全（1832—1914），字金泉，恩赠奉政大夫。祖母陈氏（1843—1915），育有三子四女，长子俞炳生（1865—1939），次子俞忠生（1869—1953），幼子俞韵琴。俞韵琴就是俞秀松父亲。

俞韵琴（1879—1973），幼名栽生，谱名元潮，学名汝谐，字佩亭，号韵琴。毕业于浙江东城师范学校，为溪埭俞氏族长。提倡教育，热心公益。1906年在村里创办行余初级小学，以后长期从事地方教育工作。中华人民共和国成立后，担任浙江文史馆馆员。俞秀松的生母吕欢朵（1875—1918），继母徐茂萱（1891—1972）。俞秀松是家中长子。上有一个姐姐，下有五弟三妹。

1908年，俞秀松进入父亲创办的行余初级小学读书。1912年，以优异的成绩考入萧山临浦高级小学。

俞秀松故居，原是俞氏家族几代人居住的祖屋，是一幢建于1897年的中式古建筑。1999年俞秀松诞辰100周年之际，经重新修缮，对外开放。2005年3月，被列为浙江省文物保护单位。

浙江省诸暨市次坞镇溪埭村全貌（20 世纪 90 年代）

俞秀松故居
绍兴市爱国主义教育基地
中共绍兴市委
绍兴市人民政府
二〇〇一年五月
诸暨市次坞镇爱国主义教育基地
中共次坞镇委员会
次坞镇人民政府
二〇一二年五月
俞秀松故居
绍兴市红色旅游点
萧山区临浦镇第一小学
德育基地

俞秀松故居

俞秀松故居内景之一

俞秀松故居内景之二，1899 年俞秀松出生于此

俞秀松的书房

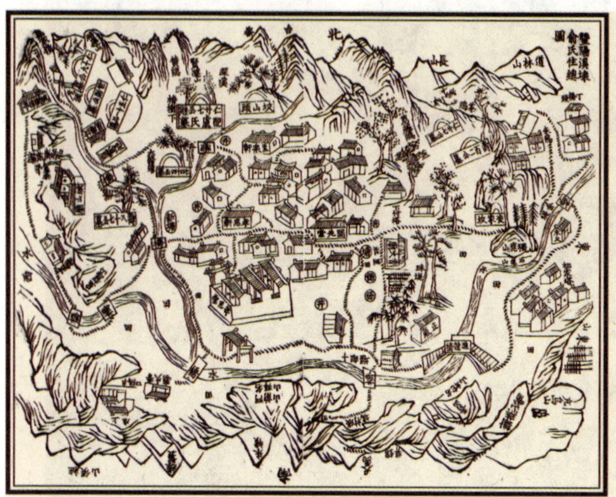

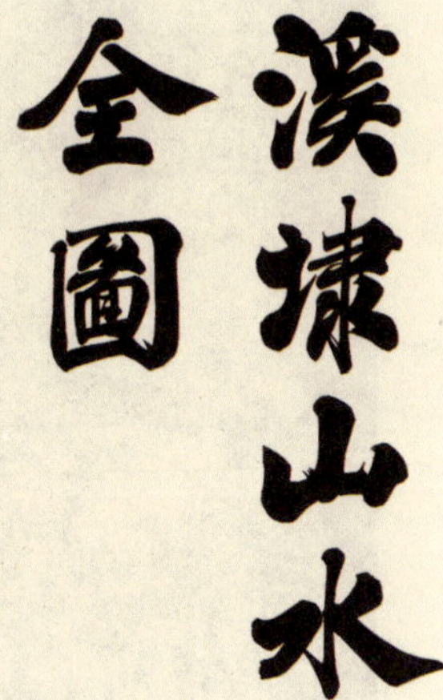

清代绘制的《溪埭山水全图》

清光绪年间编修的《国朝三修诸暨县志》中收录的《溪埭山水记》

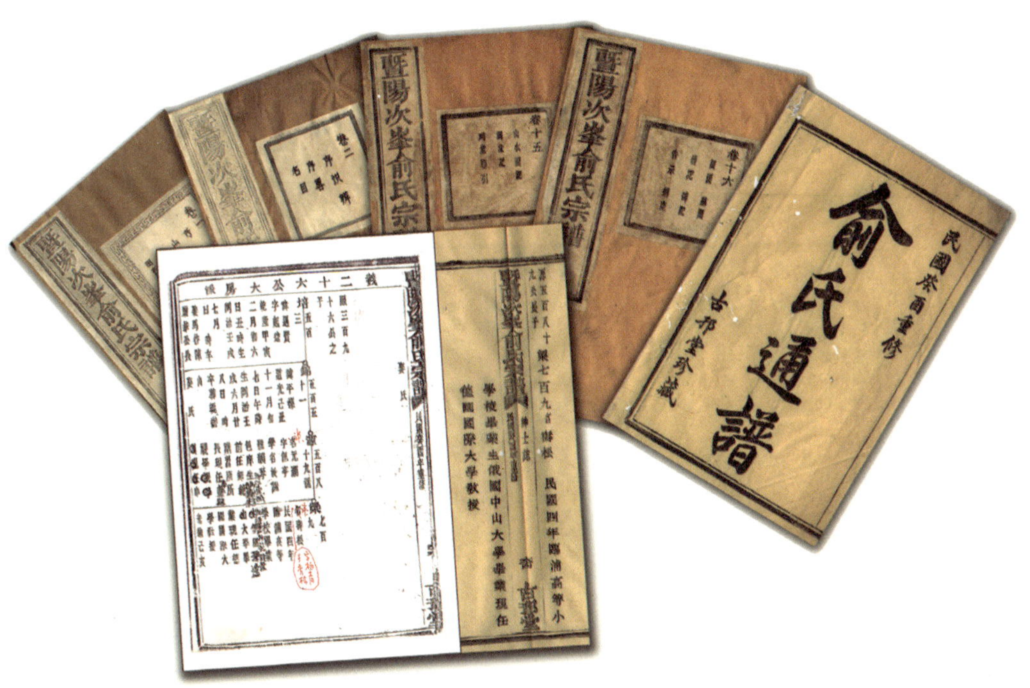

1933 年版《暨阳次峰俞氏宗谱》

俞金泉先生暨德配陳宜人傳
我暨西鄉有溪埭村者其地林巒森秀水流瑩澈畸
人逸士多出其間儒所謂地靈人傑者非耶俞生韶
琴名汝諧遊吾門者近二十年觀其學行並優知宗
之積德深厚也猶憶十五六年前韶琴之父金泉先
生嘗來吾家暢敘數日肅悉梗概其所言皆得情理
之正深爲服膺嘗與余言家無論貧富培植子孫讀
書最爲重要旨哉言乎夫學猶殖也不殖將落先生
之說殆知此義矣故其生平極敬愛士人以爲國家
元氣實於士人寄之可不謂知本乎先生爲世明公

暨陽次峯俞氏宗譜　金泉先生傳　民國癸酉年重修　古邢堂

之子世明公生子五人先生行居四自幼失恃膂力
過人洪楊起事溪埭以興民團抵抗故蹂躪最甚伯
仲皆相繼傷亡先生亦被獲爲弁監守甚嚴先生百
計思脫旬餘始得歸家至則世明公病已危未幾卒
先生哀葬如禮方是時也大局未定伏莽孔多而宗
族之中多不顧大義攘奪祀產相習成風俞氏清二
公世則公等祀產侵佔殆盡先生乃與族孫文遐君
協商多方挽救仍復原狀俾宗之血食以延又嘗因
本房命案恐多累及無辜特解廩出穀四十石以了
之凡族中之事有可以排解者莫不爲之公平理處

有不肖者率輩不遜以威嚇貽害地方非淺先生不
辭勞怨嚴行禁止以故五十年來溪埭三百餘家絕
少訟事並無游蕩子弟鄉人之受賜多矣某年歲大
旱闔族與某姓爭水幾釀巨禍先生挺身赴縣爲族
請命邑侯甫之爭端遂息此外若祠廟之傾圮橋梁
道路之損壞咸首先發起集貲建修有遠客戾止日
暮無所歸先生輒留宿施酒食如先生者庶幾好行
其德者乎晚年建樓屋數椽置田地山十餘畝優游
歲月享壽八十有三歲例贈奉直大夫德配陳宜人
性慈孝自奉儉約待人寬厚朝夕勤紡績相夫以義

暨陽次峯俞氏宗譜　金泉先生傳　民國癸酉年重修　古邢堂

訓兒輩以德感人不念舊惡鄰里中有乞斗升之米
者輒推食食之甲寅春歲饑民無粒食陳宜人特囑
其子汝諧呈請孫知事轉詳省長購官米接濟本鄉
窮民乙卯正月孫令欲賑恤饑民開官米將罄特委
汝諧晉省購運以資闔邑平糶陳宜人囑汝諧即刻
就道毋稍緩其急公慕義樂善好施類多如此享年
七十有四生三子長丙生次忠生幼栽生即汝諧前
充師範講習所所長現任縣視學員熱心學務邑之
人嘖嘖稱道之夫是歎先生之遺澤長矣女四人長
適汪汪次適大村三適高陽北塢幼適寳村孫八人

長壽松肄業浙江省立第一師範學校餘幼讀孫女
七長適邑城次適墨城餘年幼未字今年俞氏纘修
家乘余與先生亦在通家又知韶琴最深特以得諸
見聞者綴述而著之篇
中華民國六年五月前浙江高等學校教員建德縣
第三科科長選舉孝廉方正壽錫恭謹撰

暨陽次峯俞氏宗譜　金泉先生傳　民國癸酉年重修　古邢堂

《暨阳次峰俞氏宗谱》收录俞秀松祖父母传记（寿锡恭撰）

俞秀松的父亲俞韵琴

俞秀松父亲俞韵琴在南京时的照片

俞秀松的继母徐茂萱

俞秀松父亲与继母的合影（20世纪30年代摄于南京）

我父亲（编者注：俞韵琴）在清朝时曾得到过很高的学术称号，他是一个正直的好人。他不保守，对我的行为和举止不采取不同意或反对的态度。他对我少年时期的影响很大。（《那利曼诺夫》[1]）

[1] 原件系俄文，存俄罗斯现代文献保管与研究中心，全宗号 495，日录号 225，卷宗号 3001。

溪埭村行余初级小学旧址

儒城小学旧址——溪埭俞氏祠堂（孝思堂）

行余初级小学初设于村中的臧十六公（即文慧公）祠堂，民国初年迁至村口的俞氏宗祠（孝思堂），并改名为儒城小学，设有语言、算术、体育、书法等新式科目。俞秀松与同村好友俞章法、俞钦舜等人是该校的第一批学生。

俞秀松母校——临浦高级小学（现名临浦镇第一小学）

俞秀松小学时的作文本

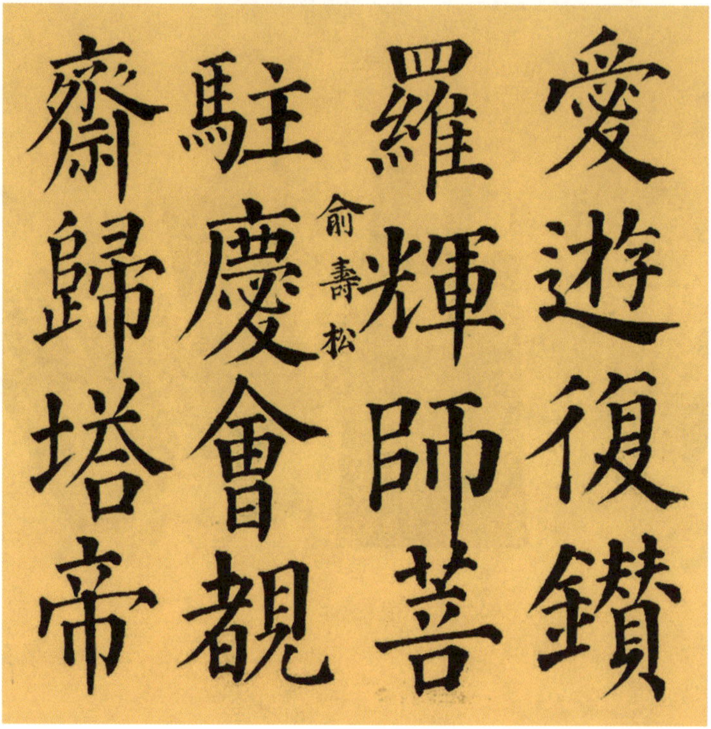

飛久師楊樂

愛遊復鑽
羅輝師菩
駐慶會覲
齋歸塔帝

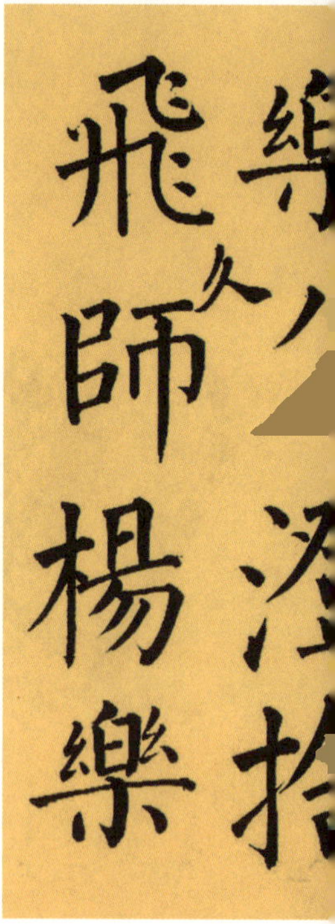

俞壽松

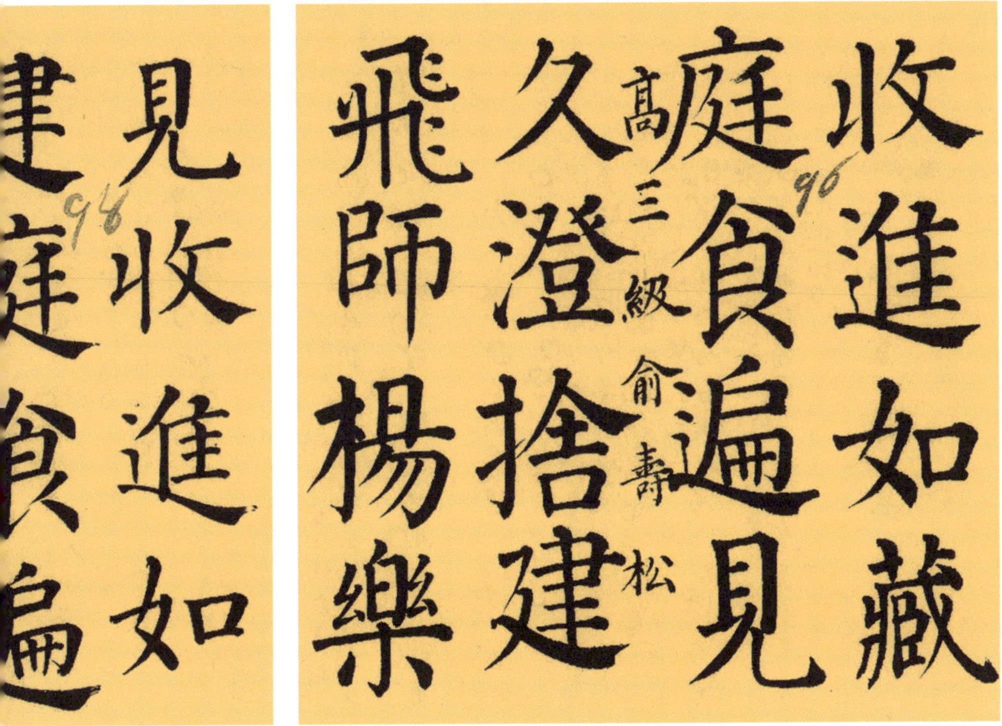

收進如藏
庭食遍見
高三級俞壽松
久澄搶建
飛師楊樂

見收進如
建莛食遍

俞秀松就读临浦高小期间临摹的毛笔字

也。其頸鳥喙，猜忌存性，可以與共患難，難與共享安樂。烏盡弓藏，兔死狗烹，與句踐如出一轍，此子房所以深懼者也。蔡澤有言曰：身名俱全者上也；名可法而身死者次也。且子房本為韓仇，非為祿位也。今仇既報，位等公侯，祿封萬戶，又何求哉？故毅然而決然以求去，其視萬戶之富、公侯之貴，如敝屣，願棄人間事，從赤松子遊，以明哲保身計也。不然，亦韓彭之續耳。嗚呼！韓彭之急流勇退，可全身而不殺，夷族之禍可免，而高祖亦可免誅功臣之譏矣。乃智識不及此，終為子房所笑，可勝歎哉。

平正通達不蔓不支

張子房從赤松子遊論

嘗觀古今功臣未有戀戀祿位而能免殺身之禍者也蓋勇略震主者身危功蓋天下者不賞是故文種伏劍韓彭菹醢雖人君之少恩要亦無保身之智耳夫子房之從赤松子遊也其事甚奇然亦託神仙以為藏身之術與范少伯之泛舟五湖同一深情正詩所謂既明且哲以保其身者而世不察以為實有其事抑亦謬矣夫高祖之為人也猜忌存性可與共艱患不可與共安樂其宅心之陰狠與句踐若出一轍此子房所為深懼而汲汲遠引者也且子房之從高祖也本為韓復仇也今韓仇既復平生之志願已償又何所求哉故毅然而辭決然而去其視萬戶

俞秀松就读临浦高小时的作文手稿

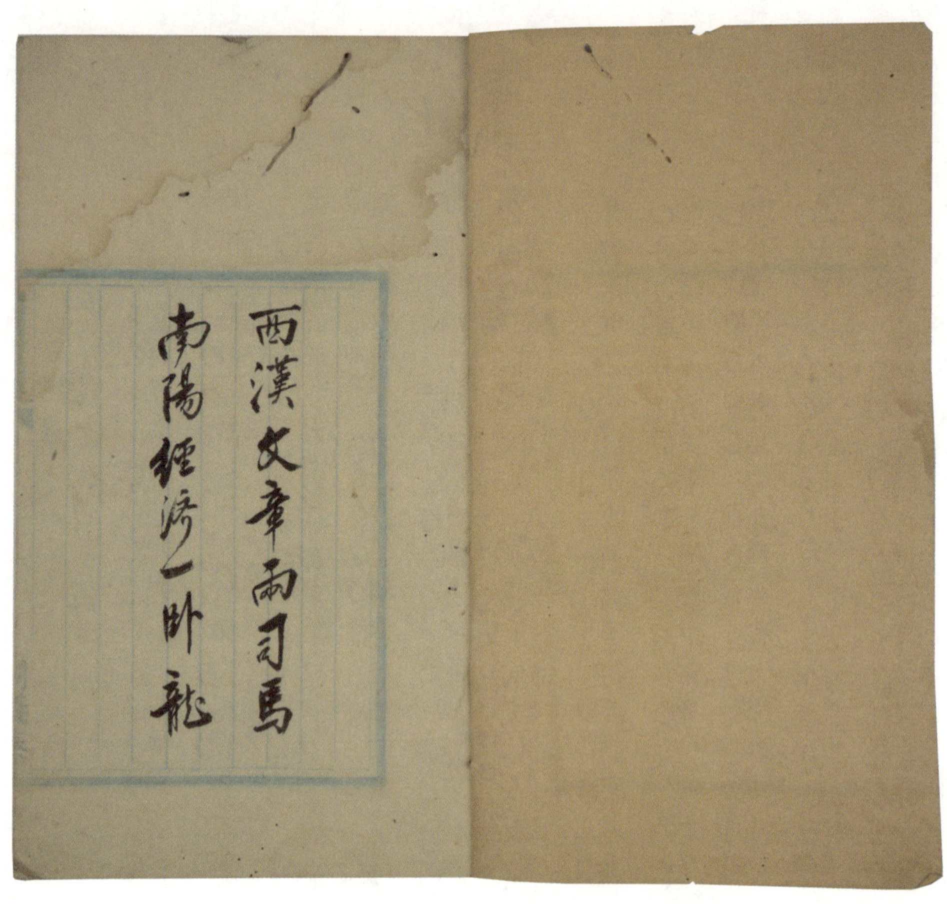
西漢文章兩司馬
南陽經濟一卧龍

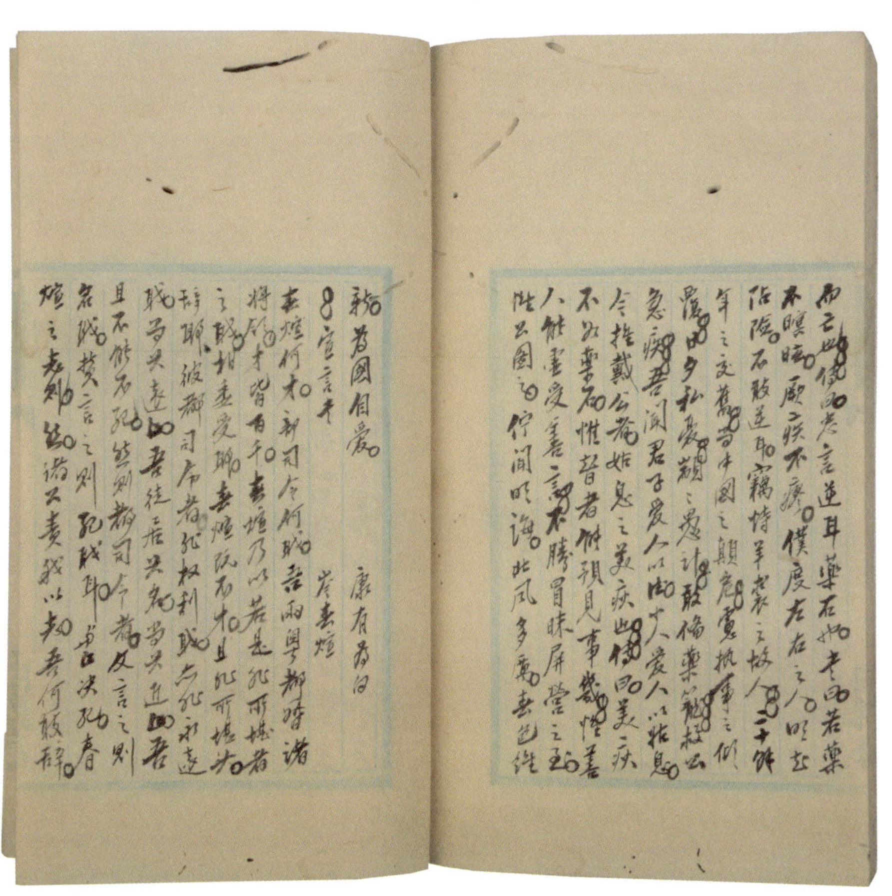

俞秀松就读临浦高小时的笔记

若人人有愚公之毅力，则中国何患不强乎？虽强大之国，吾何畏彼哉？（俞秀松《愚公移山论》）

列国富而中国贫，列国强而中国弱，其故何哉？曰：无进取思想而已矣。（俞秀松《进取思想论》）

溪埭村东北十里外的三环码头（今已废弃）

1919 年，俞秀松与大弟俞寿乔在此分别，从此再未回过家乡

他回杭州前，对我讲："你屋里走勿出（我还有几个弟妹），做百姓要勤俭，对人头要客气，对爹要孝顺。我这次出去，几时回来没有数。我要等到大家有饭吃，等到讨饭佬有饭吃，再回来。"当时，我年纪轻（16 岁），对他讲的后面一句话，想得发呆了。他吩咐几句后走了。我送他到三环船埠头。（俞寿乔《秀松哥的童年》）

2

求学“一师”

1916年，俞秀松考入浙江省立第一师范学校（今杭州高级中学），该校是当时浙江规模最大的新式学堂，也是近代中国建立最早的著名高等师范学校之一。时任校长是同盟会会员、著名教育家经亨颐。在学校，俞秀松认真看书阅报，好学深思的他被同学称为“三W主义者”（英语中WHO、WHAT、WHY的缩写）。

1919年5月，北京爆发五四爱国运动。消息传到杭州，5月12日，杭州3000多名学生在湖滨公园召开声援北京学生的大会，宣告成立杭州学生联合会。5月29日，全市中等以上学校总罢课，开展抵制日货运动。俞秀松是杭州学生爱国运动的领导者和组织者。

1919年10月，俞秀松、施存统、宣中华、沈端先（夏衍）等人，与浙江省一中的查猛济、阮毅成，以“一师”校友会的名义，共同创办了进步刊物《浙江省立第一师范学校校友会十月刊》（简称《双十》半月刊）。10月底，成立浙江新潮社，俞秀松为负责人，并将《双十》改名《浙江新潮》。

11月1日，《浙江新潮》杂志正式创刊，此刊是五四运动时期浙江宣传新思想最鲜明的一面“旗帜”，陈望道也称赞《浙江新潮》是“浙江的一颗明星”！

11月7日出版的《浙江新潮》第2期，刊登了施存统撰写的《非孝》。文章认为，一味尽孝是不合理的，应以父母、子女间平等的爱代替不平等的“孝”。文章通篇洋溢着对封建旧传统的反叛精神，一经刊出，引起轩然大波，受到时任浙江督军、浙江省长的围攻和指责，并以“非议忠孝”为名，查封了浙江新潮社，禁止《浙江新潮》出版；北洋政府也通令各省“立予禁止印刷、邮寄《浙江新潮》”。这就是当时轰动全国的浙江“一师风潮”。俞秀松、施存统被迫离开学校。

1919年12月，俞秀松回乡探亲，父亲要他与幼时订亲的蒋氏女子成亲，被他拒绝。俞秀松立誓要找一个志同道合的新女性，否则终身不娶。此次回乡，他只住了三天就离家回杭。谁都没有想到，这次竟是俞秀松和家乡的永别！从此，他再也没有回过这块令他魂牵梦绕的故土。

1920年1月，俞秀松到达北京，加入了工读互助团。但工读互助团“乌托邦的空想”遇到了困难，不得不在三个月后解散。1920年3月，俞秀松南下上海。

经亨颐（1877—1938），浙江省立第一师范学校校长

浙江省立第一师范学校鸟瞰

浙江省立第一师范学校内景

俞秀松在浙江省立第一师范学校时学习生活之处

（俞寿松）父亲是教书的，而且还任县里的劝学所长。我父亲也是教书的，母亲还办博陵女校，当校长。彼此互通家世后，我和俞寿松的关系更亲近了一层。他不但功课好，接人待物态度和蔼，而且富有正义感，好打抱不平。我人小，人儿不大，有时爱惹人，打闹不过，又不肯认输，常常吃亏、挨打，俞寿松见了总帮助我解围。俞寿松身材比我高大得多，但从来不欺侮人。……

后来我们又组织了不少宣传队，上各闹市、热闹街道去宣传、讲演。我们一组10多人，由俞寿松率领，拿着小标语旗，到湖墅、拱宸桥一带宣传。拱宸桥有日本

俞秀松在浙江省立第一师范读书期间与同学邵人模（邵仁）（左）、马志振（中）的合影

租界，比较重要。我们走到湖墅夹城巷口，早市未散，由我借来一条长凳，俞寿松站在凳上，把我们国家受帝国主义欺凌的情况，丧权辱国的二十一条不平等条约的内容都讲了一遍，还把朝鲜人做亡国奴的惨痛景状（5家合用一把菜刀等），淋漓尽致地痛述一番，末了，提出“惩办卖国贼”“提倡国货”“抵制日货——不买东洋货”等洗刷国耻的具体办法。听了讲演，人们都很气愤，有很多人跟着我们喊口号。（邵仁《回忆俞寿松同学》）

杭州城中
大方伯照相館

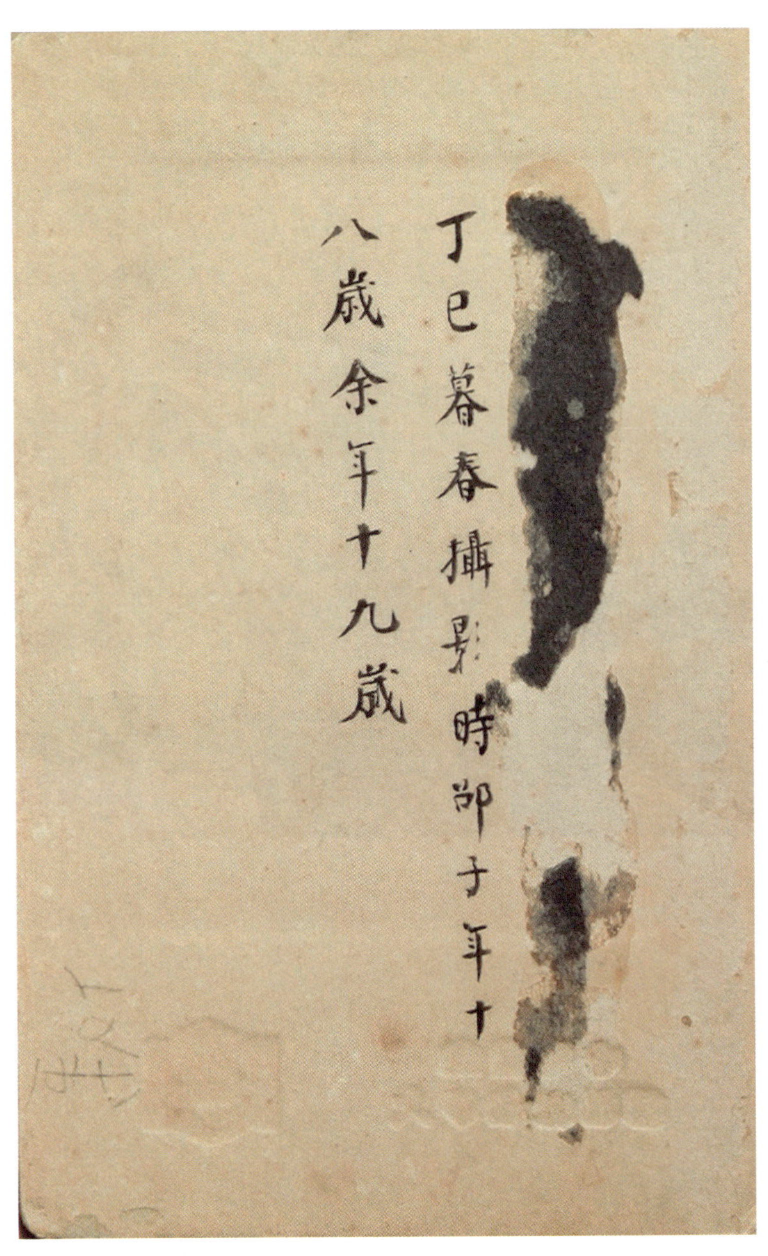

1917 年春，俞秀松在浙江省立第一师范学校读书期间与同学邵人模的合影

1919 年 5 月，在北京爆发青年学生的爱国运动——五四运动

施存统

施存统（1898—1970），浙江金华人。是中国共产党最早的党员之一，参与了旅日中共早期组织的组建工作。1922年5月，在中国社会主义青年团第一次全国大会上当选团中央第一任书记。

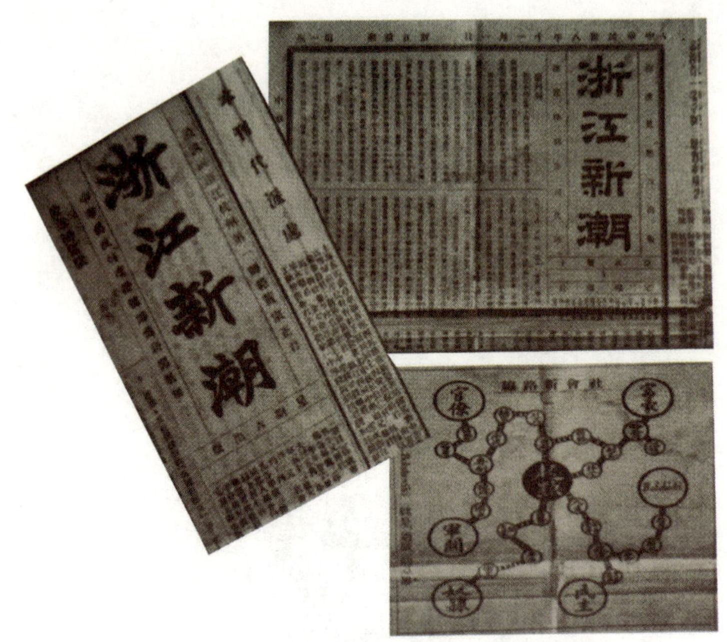

俞秀松撰写的《浙江新潮》发刊词，以及第一期上转载日本杂志的“社会新路线”图

1919年11月1日，《浙江新潮》杂志正式创刊，俞秀松在第一期撰写了《发刊词》，提出四大旨趣：

一是，谋人类——指全体人类——生活的幸福和进化；二是，改造社会；三是，促进劳动者的自觉和联合；四是，对于现在的学生界、劳动界加以调查、批评和指导。

“本报的旨趣，要本奋斗的精神，用调查、批评、指导的方法，促进劳动界的自觉和联合，去破坏束缚的、竞争的、掠夺的势力，建设自由、互助、劳动的社会，以谋人类生活的幸福和进步。”

“新文化运动的旗手”陈独秀对《浙江新潮》给予高度评价：

《非孝》和攻击杭州四个报——《之江日报》《全浙公报》《浙江民报》和《杭州学生联合会周刊》——那两篇文章，天真烂漫，十分可爱，断断不是乡愿派的绅士说得出的。

我祷告我这班可爱可敬的小兄弟，就是报社封了，也要从别的方面发扬“少年”“浙江潮”的精神，永续和“穷困及黑暗”奋斗，万万不可中途挫折。

——陈独秀《随感录》(1920年1月1日)

1920 年 3 月 29 日，500 多名军警包围“一师”，企图强行遣送不愿离校的学生。图为军警与学生在学校操场对峙的场面

1920 年 1 月，俞秀松抵京第一天拍摄的照片

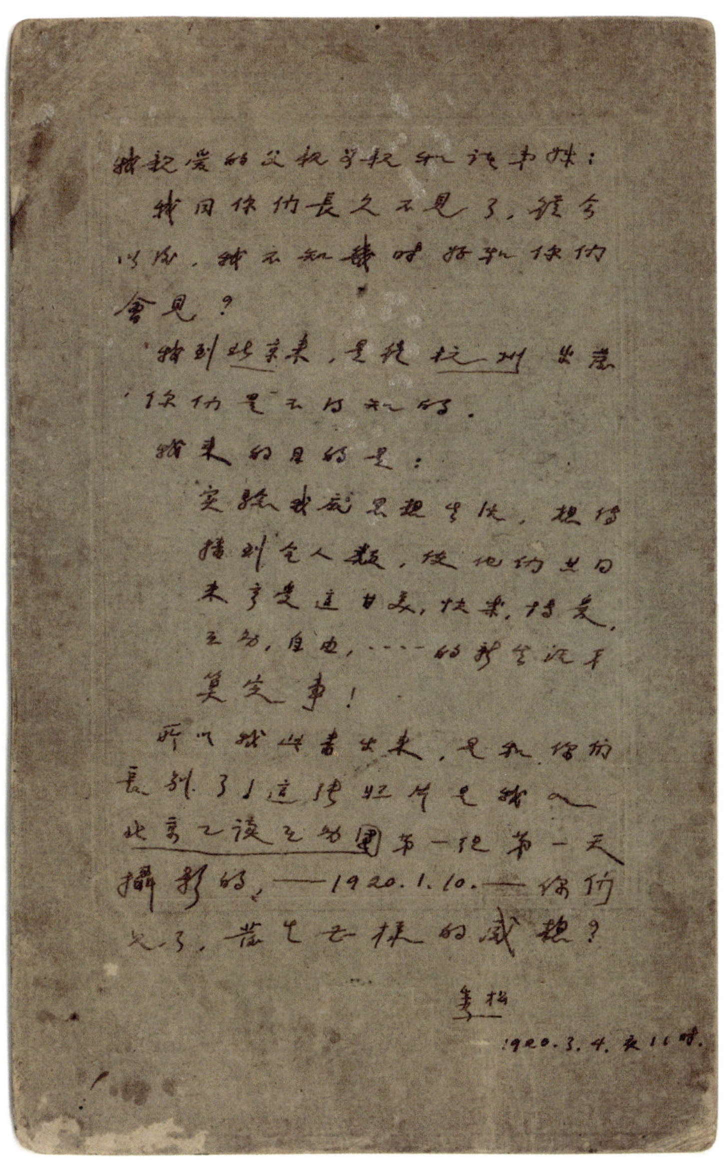

我親愛的父親母親和諸弟妹：

我同你們長久不見了，從今以後，我不知幾時將和你們會見？

我到北京來，是從杭州出走，你們是不得知的。

我來的目的是：

實驗我的思想生活，想傳播到全人類，使他們共同來享受這甘美，快樂，博愛，互助，自由，……的新生活才算完事！

所以我此番出來，是和你們長別了！這張照片是我入北京工讀互助團第一組第一天攝影的，——1920.1.10.——你們見了，發生怎樣的感想？

……

秀松

1920.3.4.夜11時.

俞秀松在照片背后写了一封家信，告知父母和诸弟妹：“我来的目的是：实验我的思想生活，想传播到全人类，使他们共同来亨（享）受这甘美、快乐、博爱、互助、自由……的新生活才算完事！”

星期評論社
上海
白爾路三益里十七號

在这个组织（编者注:指工读互助团）里我待了半年，后来碰到一系列困难（主要是经济上的）我才逐渐明白，在现在这个社会里不通过革命来建设人类的新生活完全是一种空想，是没有希望。我们工作所遇到的困难使我坚信，如果要建立人类社会的新生活，首先要唤起工人大众，和他们一起来进行宣传。（1930 年 1 月 1 日，俞秀松《自传》）

俞秀松写给骆致襄的信

“我是世界的人，绝不是什么浙江，什么诸暨，什么人底的人。身到哪里，就算哪里人了……”，“情愿做个‘举世唾骂’”的革命家。（1920年3月、1920年4月4日，俞秀松给父亲好友骆致襄的信）

3

党、团先驱

1920年，俞秀松在北京结识了李大钊、陈独秀等人。

1920年春，陈独秀入住上海法租界环龙路老渔阳里2号，与俄共（布）远东局代表维经斯基（又译威经斯基，中国名字为吴廷康）等人多次商议，开始创建新型政党的政治实践。5月成立马克思主义研究会，俞秀松是最早、最积极的会员之一。

1920年6月，陈独秀、李汉俊、俞秀松、施存统、陈公培5人开会决定成立共产党组织，这是中国第一个共产党早期组织。

为了更加深入了解社会，俞秀松改名换服，进入厚生铁厂做工。他还与李汉俊一起创办了《劳动界》周刊，这是上海共产党早期组织向工人阶级宣传马克思主义的刊物。

1920年8月22日，俞秀松等正式建立上海社会主义青年团，俞秀松担任书记。团的发起人还有施存统、沈玄庐、陈望道、李汉俊、叶天底、袁振英、金家凤等。同时俞秀松还兼任外国语学社秘书，这是中国共产党早期建立的第一个培养青年干部的学校。1921年3月，中国社会主义青年团临时中央执行委员会在上海成立，俞秀松担任临时团中央书记。俞秀松的出色工作，得到少年共产国际东方部书记格林的表扬，称赞为“中国青年团中最好的一个”。

1921年6—7月，俞秀松作为中国社会主义青年团的正式代表，出席共产国际“三大”和青年共产国际“二大”。在共产国际“三大”会议上，俞秀松和张太雷等人一起，挫败了江亢虎在共产国际争取合法地位的图谋，从而保证了中国共产党的唯一性和纯正性，这是中共首次亮相国际舞台所取得的胜利。

1922年3月，俞秀松从苏俄回到上海，不久，接受中国社会主义青年团临时中央局的委托，赴杭州创建团的组织。4月19日，中国社会主义青年团杭州支部在杭州皮市巷3号正式成立，俞秀松兼任书记。

1922年5月，中国社会主义青年团第一次全国代表大会在广州东园举行。俞秀松以杭州社会主义青年团代表的身份参会，并当选为中国社会主义青年团中央执行委员会委员。

杭州皮市巷3号门（今已不存，现址为杭州香溢大酒店）

1922年4月19日，中国社会主义青年团杭州支部在此成立，俞秀松兼任书记。这是浙江省第一个青年团组织，也是全国最早建立的团组织之一。

戴季陶

沈定一

戴季陶（1891—1949），名传贤，字季陶，浙江吴兴人。早年留学日本，参加同盟会，追随孙中山先生。五四运动期间，在上海主编《星期评论》周刊。该刊登载研究社会主义、世界劳工问题的文章，是五四时期的著名刊物。

沈定一（1883—1928），号玄庐，浙江萧山人。1919年与戴季陶、李汉俊等共同在上海创办《星期评论》，参加组建上海共产党早期组织。曾在家乡开展农民运动。

五月一日 星期評論 四十八號

勞動日紀念

中華郵政特准掛號立劵之報紙(目錄列第十張四版)(本號共十張)

勞動世界歌

(一)

用不完的地力，享不盡的天空；

若要使得他，總是靠著大家來勞動。

提起鋤頭擔起錘，光明的世界都開闢。

什麼國家、什麼法律、什麼人種，儘堪表演起鬼把戲來。

哼！嗬！哼！嗬！

努力打倒阻礙幸福的鬼祟。

(二)

米也那裏來？布也那裏來？住的房子用的東西那裏來？

鋤兒鋤起春風來；錘兒打出火光來。

什麼階級、什麼制度、什麼界限、一切粉碎處容化作灰。

哼！嗬！哼！嗬！

努力創造那幸福底社會。

(三)

「作工八點鐘，教育八點鐘，休息八點鐘。」

一天二十四點鐘，分配均平好勞動。

這個世界是勞動者底世界，大家歡喜齊來做工。

吃的飽了、穿的暖了、住的房子用的東西也夠了。

哼！嗬！哼！嗬！

努力造起一個很美麗的勞動世界。

一九二〇。五月一日

《星期评论》刊物

在此工作期间，俞秀松为自己制订日程：

早晨读世界语；上午先读英语，后看书报；下午作四小时工，再预备每夜的教材；夜看书及记日记。

……

我虽主张人生是快乐，不过因为大多数人都受苦痛，我不能独享这种快乐，暂时不能不牺牲我底（的）快乐，去救这班大多数受苦痛的人。（1920年6月29日，《俞秀松日记》）

上海法租界环龙路老渔阳里 2 号陈独秀旧居

他们多方面帮助我了解了马克思主义和革命运动，其中包括十月革命。我认为十月革命是解放人类摆脱压迫的唯一道路。（1930 年 1 月 1 日，俞秀松《自传》）

陈独秀

陈独秀（1879 — 1942），字仲甫。安徽怀宁（今属安庆市）人。新文化运动的倡导者，中国共产党的创始人和早期的主要领导人之一。1915 年 9 月在上海创办《青年杂志》(后改称《新青年》)。1920 年发起创建上海共产党早期组织，筹备成立中国共产党，并指导成立上海社会主义青年团。在中国共产党第一次全国代表大会上当选为中央局总书记，以后相继担任中共第二、第三届中央执行委员会委员长，第四、第五届中央委员会总书记。

1920 年春，我们曾想成立中国共产党，但在第一次会议上我们之间未达成一致意见。这第一次努力未能成功。过了一段时间，在第二次会议上，我们宣布了我们党的存在（当然，我们党正式存在是在 1920 年第一次代表大会以后的事情），并选举陈独秀为临时书记，他被委派负责在四个大城市（上海除外）成立我们的组织。(1930 年 1 月 1 日，俞秀松《自传》)

维经斯基

维经斯基（1893-1953），俄国人，俄文名格列高里·纳乌莫维奇·维经斯基，在中国工作时化名吴廷康。20 世纪 20 年代，作为共产国际代表，到中国帮助创建了中国共产党。大革命时期，又来中国参与了对中国革命的指导工作。

从前我以“学者”自夸的人，我底（的）父亲，我底（的）朋友，也都以“学者”期望我的。今年到北京一去，总算把这个“学者的念头”打破了，决意想去做“社会的革命者”。（1920 年 7 月 22—25 日，《俞秀松日记》）

陈望道

陈望道（1891—1977），浙江义乌人。早年留学日本，回国后积极倡导新文化运动，任《新青年》编辑，翻译出版了《共产党宣言》第一个中文全译本，是上海共产党早期组织主要成员。

陈望道翻译的《共产党宣言》中文全译本的初版本和第二版

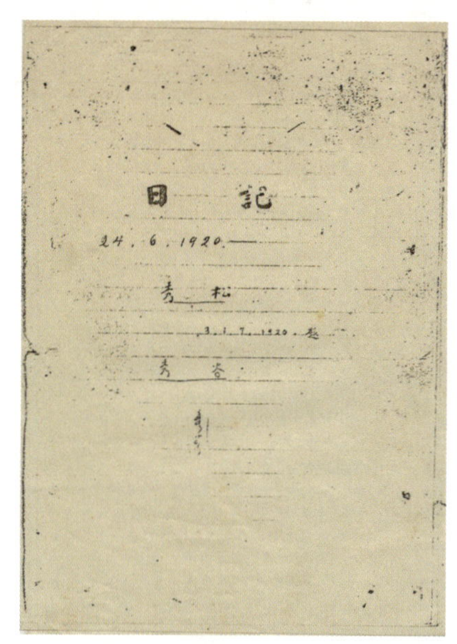

现藏于上海龙华烈士纪念馆的《俞秀松日记》

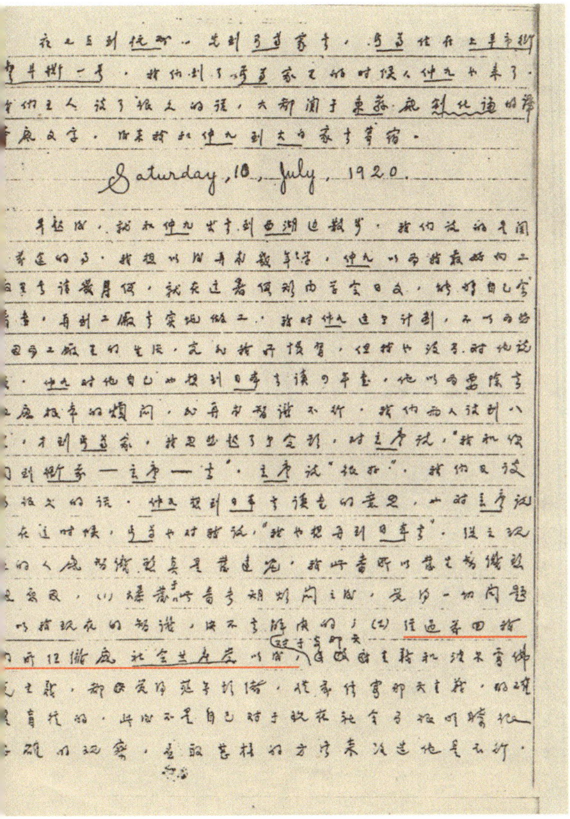
Saturday, 10, July, 1920.

《俞秀松日记》中有关陈望道将《共产党宣言》译稿交给陈独秀的记载

夜，望道叫我明天送他所译的《共产党宣言》到独秀家去，这篇宣言底原文是德语，现在一时找不到，所以只用英俄日三国底译文来对校了。(1920年6月27日，《俞秀松日记》)

九点到独秀家，将望道译的《共产党宣言》交给他，我们说些译书的事……(1920年6月28日，《俞秀松日记》)

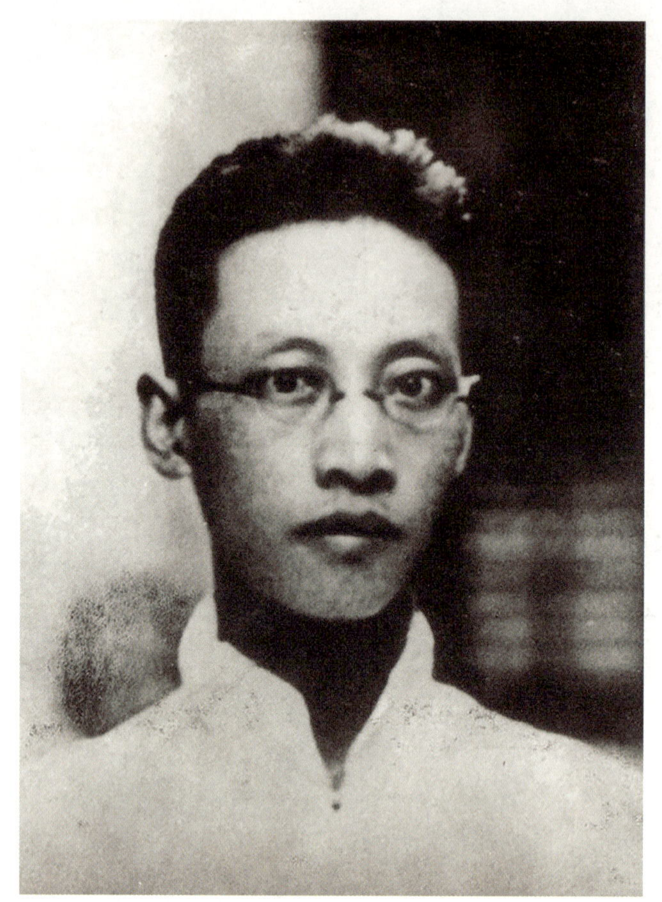

李汉俊

李汉俊（1890—1927），原名书诗，又名人杰，号汉俊，湖北潜江人，中国共产党创始人之一，中国共产党第一次全国代表大会代表。早年留学日本。回国后积极宣传马克思主义，大力推进建党工作，为中共一大的召开作出了重要贡献。1927 年被反动军阀杀害。

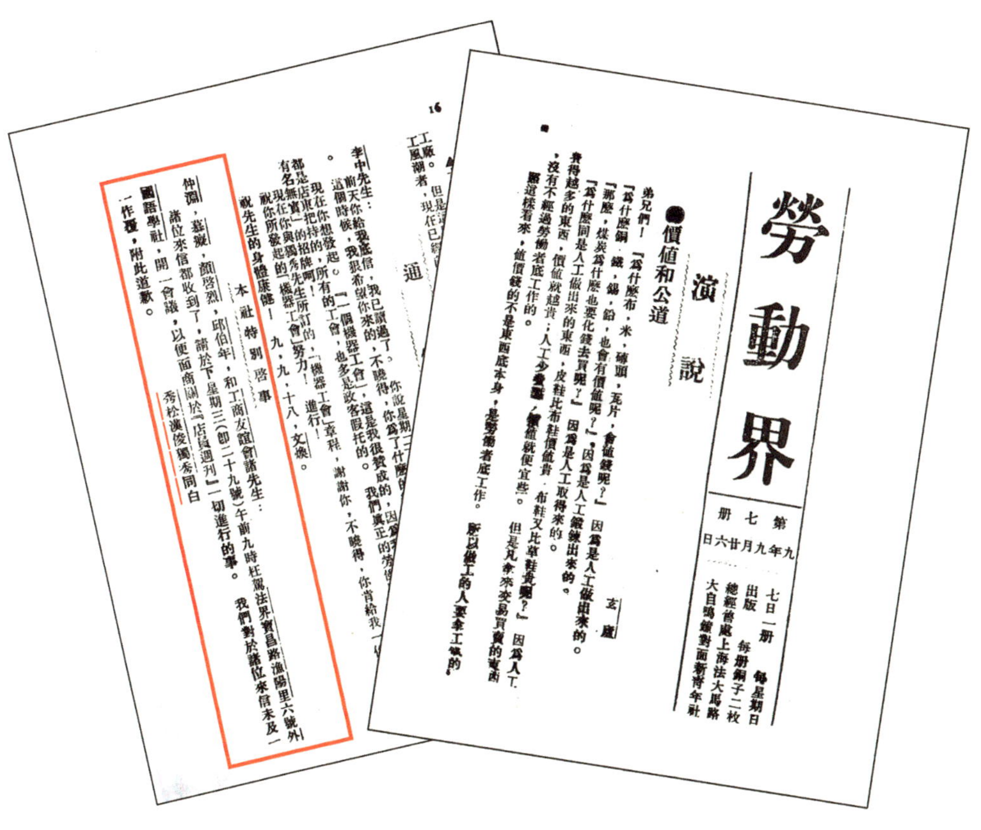

勞動界

第七册

九年九月廿六日

七日一册 每星期日出版 每册銅子二枚

總經售處上海法大馬路大自鳴鐘對面新青年社

演說

價值和公道

玄廬

弟兄們！『爲什麼布，米，磚頭，瓦片，會值錢呢？』因爲是人工做出來的。『爲什麼銅，鐵，錫，鉛，也會有價值呢？』因爲是人工鍛鍊出來的。『那麼，煤炭爲什麼也要化錢去買呢？』因爲是人工取得來的。『爲什麼同是人工做出來的東西，皮鞋比布鞋價值貴，布鞋又比草鞋貴呢？』因爲人工費得越多的東西，價值就越貴；人工少費些，價值就便宜些。但是凡拿來交易買賣的東西，沒有不經過勞動者底工作的。照這樣看來，值價錢的不是東西底本身，是勞働者底工作。所以做工的人要拿工錢的。

16

通信

李中先生：

前天你給我底信，我已讀過了。你說星期[illegible]這個時候，我很希望你來的，不曉得，你爲了什麼[illegible]。現在你想發起『一個機器工會』，這是我很贊成的，因[illegible]都是店東把持的，所有的工會，也多是政客假托的。我們眞正的[illegible]有名無實』的招牌呵！現在你與獨秀先生所訂的，『機器工會』章程，謝謝你，不曉得，你肯給我一[illegible]祝你所發起的『機器工會』努力！進行！祝先生的身體康健！

九，九，十八，文換。

本社特別啓事

仲澥，[illegible]，顏啓烈，邱伯年，和工商友誼會諸先生：

諸位來信都收到了，請於下星期三（即二十九號）午前九時枉駕法界寶昌路漁陽里六號外國語學社，開一會議，以便面商關於『店員週刊』一切進行的事。我們對於諸位來信未及一一作覆，附此道歉。

秀松漢俊獨秀同白

《劳动界》

1920年8月,《劳动界》创刊，这是上海共产党早期组织创办的最早向工人阶级宣传马克思主义的刊物。《劳动界》在“发刊词”中阐明该刊的宗旨：“教我们中国工人晓得他们应该晓得他们的事情。”

俞秀松（1899—1939）

我进工厂的目的：

1. 观察现在上海各工厂底内容和工人底生活状况；

2. 观察工人底心理，应该施什么教育和交际的方法；

3. 尽我底能力，于可能的范围内，组织一个很小的工人团体。

（1920 年 6 月 29 日，《俞秀松日记》）

杨明斋

杨明斋（1882—1938），山东平度人。中国共产党创立时期著名的革命活动家，对中共的早期发展作出过重大贡献，周恩来总理赞誉他为中共历史上受人尊敬的“忠厚长者”。

上海霞飞路新渔阳里 6 号的外国语学社旧址

外国语学社的教室

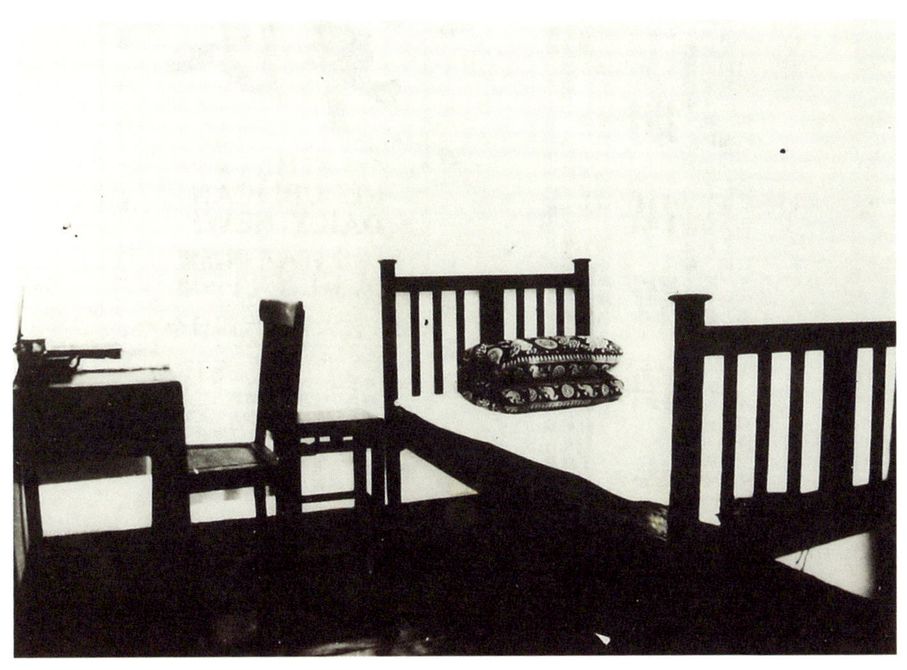

俞秀松在外国语学社的卧室

第一張　中華民國九年九月三十日

民國日報

THE REPUBLICAN DAILY NEWS

中華民國九年九月三十日（即舊曆八月十九日）（星期四）

本報開設在上海河南路第十二號十三號（三茅閣橋北首）

電話四千八百十六號

第一千六百七十八號

今日四大張售大洋三分

外國語學社招生廣告

本學社擬分設英法德俄日本語各班，現已成立英俄日本語三班。除星期日外每日授課一小時，文法讀本由中國人教授，讀音會話由外國人教授，除英文外各班皆從初步教起。每人選習一班者月納學費銀二元，日內即行開課，名額無多，有志學習外國語者請速向法界霞飛路新漁陽里六號本社報名。此白。

●社會經濟叢書第一期出版預告

1920 年 9 月，《民国日报》刊登的外国语学社招生广告

1920年秋，俞秀松（后排中）在上海外国语学社与罗亦农（前排左1）、袁笃实（前排右1）、谢文锦（后排右1）、柯庆施（后排左1）等人的合影

我到渔阳里6号外国语学社学习是在1920年11月20日到1921年5月份，是俞秀松介绍的，以前我和俞秀松是同学。……我就从杭州到上海，进了外国语学社学习俄文，记得我当时就和俞秀松两人住在亭子间里，以后陈独秀去广州，由李仅俊代理书记，俞秀松承担着党组织的日常工作。他与李达、李汉俊等人一起与各地早期党组织联系，为第一次代表大会的召开作好筹备工作。（周伯棣《回忆外国语学社》）

俞秀松去往莫斯科途中于1921年4月4日入住的哈尔滨三道街4号中华栈

秀松这个同志作风很正派，生活很艰苦，穿着一件蓝布长衫，高高的个子，浓浓的眉毛，戴一副近视眼镜。一九二五年他就到苏联去了。我和秋人送他上轮船。我记得他穿一套咖啡色的中山装，很有气派。在轮船上，他给秋人再一次的交待工作：有哪几个区要加强团的工作；学校中的团，也要做好学生工作；工人与学生要打成一片，学生要了解工人的情况，这样工人和学生可以团结得更好；大学中团的基础薄弱，可在大学中多发展一些团员；学生要到纱厂去，提高工人的文化知识；纱厂中女工多，在女工中办夜校，可以提高工人的政治和文化水平；女工中党、团员数量少，可通过夜校加强教育。秀松还告诉秋人，要培养妇女干部。不单大学生中女学生少，中学生中也少。要加强大、中学女生的工作，提高她们的认识。秋人对秀松说，你到苏联去要注意自己的生活和健康，这里的工作请放心。并且希望他早日回来。临别时秀松握住我的手说：好好学习，回来再见。（钱希钧《忆俞秀松》）

伊尔库茨克共产国际远东书记处旧址

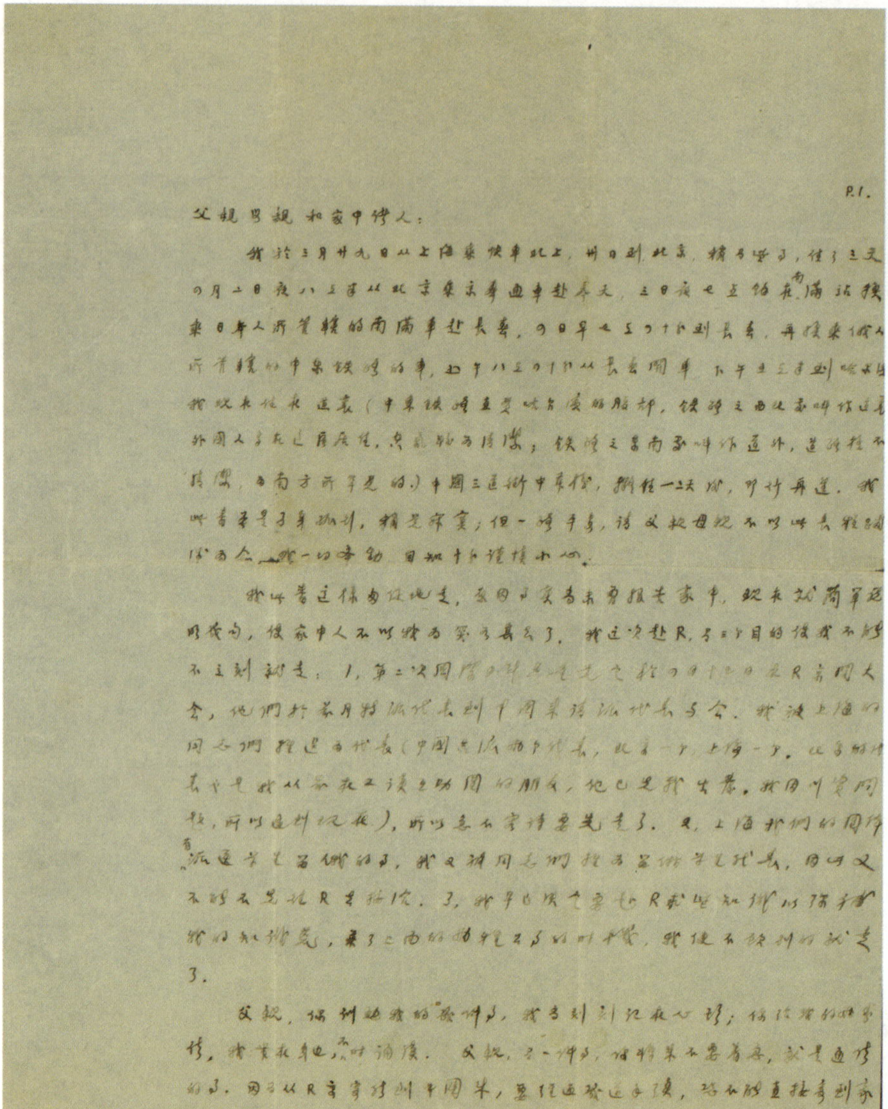

我这次赴R，有三个目的使我不能不立刻就走：

1.第二次国际少年共产党定于四月十五日在R京开大会，他们于前月特派代表到中国来请派代表与会，我被上海的同志们推选为代表（中国共派两个代表，北京一个，上海一个，北京的代表也是我从前在工读互助团的朋友，他已先我出发。我因川资问题，所以迟到现在），所以急不容待要先走了。

P.2.

中。我没有信来的时候，我总是很平安的；但是了要报告的，我当写快信或打电报回来。至于[illegible]的[illegible]信，俟我将这事体办妥之后，即行报告。

我在北京，照了一张相片，过几天，由北京的朋友寄到家中。

我在上海的行李，一只皮箱，一只网篮，一个被包，托朋友转送到[illegible]毅成世伯处去了。[illegible]书籍，托大同书局[illegible]家中。

我这在[illegible]之外，静候[illegible]，惟祝家中人人平安。

秀松 1921年4月6日从哈尔滨发。

1921年4月6日，俞秀松在哈尔滨给父母写的家书

2. 上海我们的团体有派送学生留俄的事，我又被同志们推为留俄学生代表，因此又不能不先往R去接洽。3. 我早已决定要赴R求些知识以弥补我的知识荒，乘了上面的两种公事的时机，我便不顾别的就走了。（1921年4月6日，俞秀松给父母亲和家中诸人的信）

КАССЫ ГОСУДАРСТВЕННОГО КРЕМЛЁВСКОГО ДВОРЦА

1920—1937 年共产国际执行委员会办公大楼

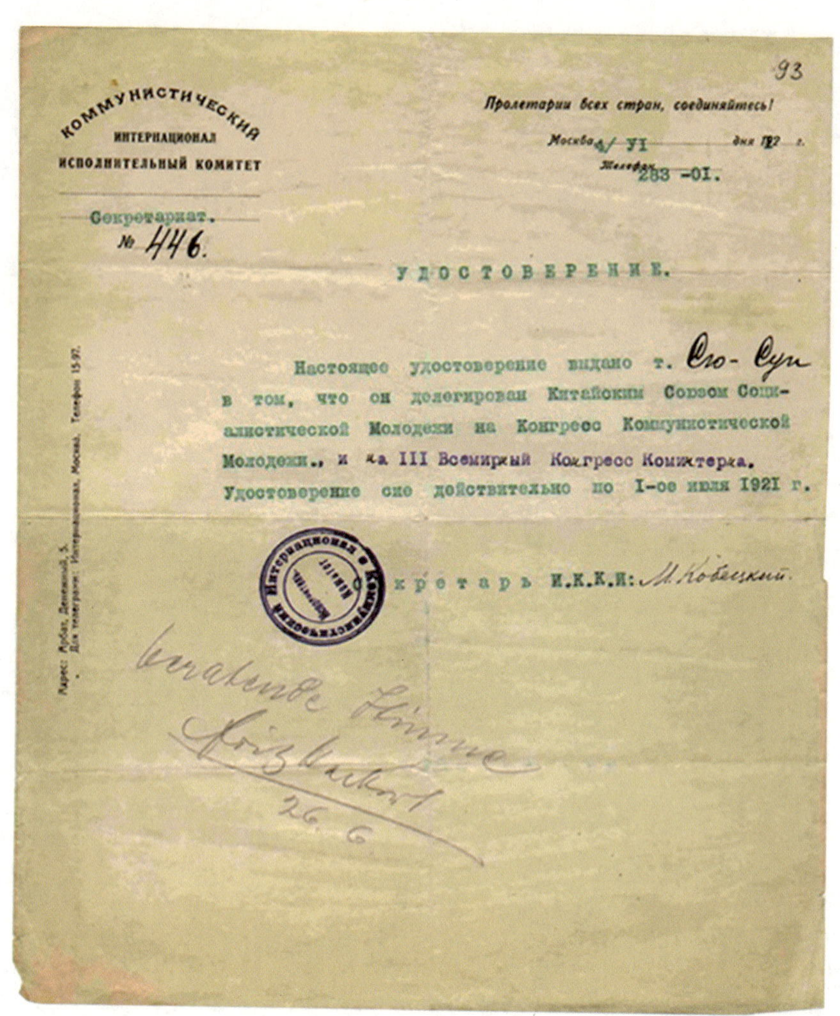

93

КОММУНИСТИЧЕСКИЙ ИНТЕРНАЦИОНАЛ
ИСПОЛНИТЕЛЬНЫЙ КОМИТЕТ

Секретариат.
№ 446.

Пролетарии всех стран, соединяйтесь!

Москва 4/ VI дня 192 г.
Телефон 283 -01.

Адрес: Арбат, Денежный, 5. Для телеграмм: Интернационал, Москва. Телефон 15-97.

УДОСТОВЕРЕНИЕ.

Настоящее удостоверение выдано т. Сю-Сун в том, что он делегирован Китайским Союзом Социалистической Молодежи на Конгресс Коммунистической Молодежи., и на III Всемирный Конгресс Коминтерна. Удостоверение сие действительно по I-ое июля 1921 г.

Секретарь И.К.К.И: М. Кобецкий.

共产国际执行委员会的任命书（1921 年 6 月 4 日）[1]

“任命俞秀松同志为中国社会主义青年团参加青年共产国际大会和共产国际第三次代表大会的代表，特颁发此状。有效期至 1921 年 7 月 1 日。”

共产国际执行委员会书记 M · 科别茨基

地址：莫斯科阿尔巴特大街杰涅日纳 5 号

[1] 原件存俄罗斯国家社会政治历史档案馆，全宗 491，目录 1，案卷 208，第 93 张。

共产国际“三大”会址莫斯科大剧院

1921 年 6 月 22 日至 7 月 12 日，共产国际“三大”在莫斯科大剧院及克里姆林宫等地召开，青年共产国际“二大”于 7 月 9 日至 23 日在莫斯科齐明歌剧院举行，俞秀松参加了这两次会议。

LUXE
ОТЕЛ
ЛЮКС

留克斯酒店，俞秀松在莫斯科开会时的住处

俄罗斯现代文献保管与研究中心。1921 年 7 月，俞秀松在青年共产国际“二大”上代表中国代表团做报告，报告原件保存于此

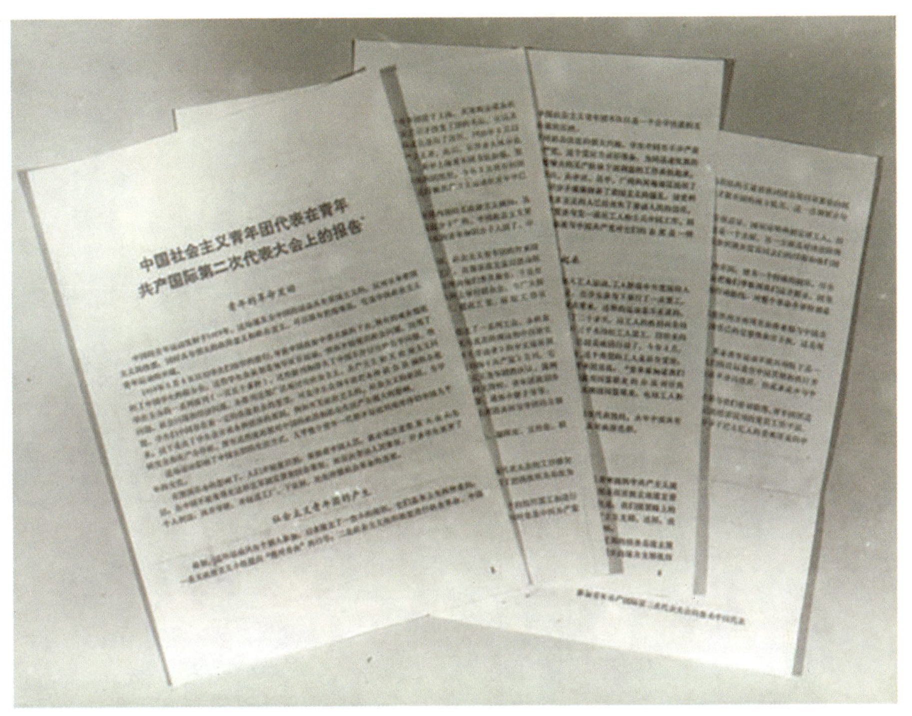
中国社会主义青年团代表在青年共产国际第二次代表大会上的报告

中国代表团在青年共产国际第二次代表大会上的报告（1921 年 7 月）

第一个青年团是在上海成立的，它的目标是，在青年热情的帮助下来准备社会革命。最初，这个青年团被称为青年社会革命党，只是在第九次会议后，它才采用现在的名称。在这次会议上，当建议改变此组织的名称时，那些原本是无政府主义者的成员离开了这个组织。1920 年 8 月 22 日，社会主义青年团正式举行成立典礼，其成员均为共产主义者（共产党员）。随后，类似的青年团逐渐在北京（Peking）、天津（Tien-tsin）、济南（Tsi-nai）、广州、南京、长沙（Tchansa）成立。目前这些组织有 1 000 个成员，其中力量最强、组织得最好的是上海青年团。（《中国代表团在青年共产国际第二次代表大会上的报告》1921 年 7 月）

俞秀松（坐者右 4）、张太雷（站者左 5）、瞿秋白（站者左 4）、陈为人（坐者左 4 ）出席共产国际“三大”和青年共产国际“二大”会议期间与各国部分代表的合影

张太雷

瞿秋白

张太雷（1898—1927），江苏常州人。中国共产党早期领导人之一，也是青年运动的卓越领导人。1927 年 12 月，在广州起义战斗中牺牲。

瞿秋白（1899—1935），江苏常州人。中国共产党早期领导人之一，中国革命文学事业的重要奠基者。1935 年 2 月，在福建长汀英勇就义。

陈为人

陈为人（1899—1937），湖南江华人。中国社会主义青年团创始人之一。1921 年冬加入中国共产党，曾任中共满洲省委第一书记。1937 年病逝。

致共产国际第三次代表大会
代表资格审查委员会

参加青年国际第二次代表大会的中国社会主义青年团代表团声明

鉴于资格审查委员会给骗子（逐字翻译）江亢虎以代表资格，本代表团认为有必要提出抗议，就此作如下说明：

1）江亢虎以何种名义出席代表大会？

是代表目前在中国不存在的中国社会党？在这一并不存在的社会党里更没有什么左翼，那么他以何种名义来参加？

2）江亢虎在中国只是作为一名总统顾问为人所知，他根本不是社会主义者，他是经由满洲里来的，而在满洲里我们的同志，社会主义青年团的成员均因作为希望来苏俄的社会主义者而被逮捕，他如果没有得到总统的秘密同意，他就无法由满洲里来俄。很明显，他来俄是来进行间谍活动的。为了共产主义运动在中国的发展，我们有责任对他参加国产国际代表大会提出抗议。

3）日益发展的我国社会主义运动正在向共产主义迈进。我们应当了解，如何端正运动的方向。如果第三国际允许北洋政府总统的顾问参加，就会失去中国青年的信任，对我们是一个重大的打击，会给我们在中国的敌人以借口来贬低我们。

出席青年共产国际第二次代表大会代表　　秀松

来莫斯科的中国社会主义青年团员

袁笃实、任狱、卜士畸、平的、韩伯画、陈启沃、吴先瑞、彭泽、曹雪春、彭图伟、陈为人、吴芳、澎湃

参加青年国际第二次代表大会的中国社会主义青年团代表团致共产国际第三次代表大会资格审查委员会的声明（1921 年 7 月）[1]

1921 年 6 月，俞秀松与张太雷等一起出席共产国际第三次代表大会，发现了江亢虎的代表资格问题。俞秀松联合张太雷，给共产国际执行主席季诺维也夫写信，揭露了江亢虎的政客面目，抗议大会资格审查委会员对江亢虎代表资格的承认。共产国际对俞秀松等人提供的材料进行了审慎的研究，最终作出了收回江亢虎代表资格的决定。俞秀松、张太雷等人代表中国共产党，作为中国的唯一合法组织参加了共产国际第三次代表大会。

9 月，俞秀松又以参加共产国际第三次代表大会中共代表的身份，向共产国际远东部做出声明，称：不久前来到莫斯科的姚作宾“并不是中共党员，所以他没有权力与共产国际发生联系”，希“勿与之发生任何正式接触”，从而保证了中国共产党的唯一性和纯正性。

[1] 原件系俄文，存俄罗斯国家社会政治历史档案馆，全宗 490，目录 1，案卷 208，第 96—97 张。

俞秀松、张太雷致季诺维也夫的信

季诺维也夫同志！

我们曾两次就资格审查委员会承认江亢虎代表资格一事提出抗议，但都没有结果。我们的第三次抗议（用英文写的）已由张同志亲自寄给您了，不过我们担心您忘记了看看它。由于这件事对中国的共产主义运动至关重要，我们再一次提醒您。在前一次的声明（签名的还有共产国际驻远东代表舒米亚茨基和日本代表太郎[Tapo]）中，我们提出了下面三点理由：

1. 他并不代表任何一个中国政党。他自称代表的社会党在中国并不存在。他是中国反动的北京政府总统的私人顾问。2. 中国青年对他并不尊重，也不信任。如果他以青年代表的身份参加共产国际，那就肯定会妨碍共产国际和中国共产党的工作，破坏他们的声望。3. 他是十足的政客，他善于利用一切机会来达到自己的目的。他会利用他是共产国际承认的代表这一事实，在中国从事卑鄙的勾当，从而损害中国共产党。

除上述理由外，我们还想简单地向您介绍一下他的社会经历。

辛亥革命时，他在上海组织过社会党。该党并没有固定的原则，其成员主要是坏人。该党被袁世凯解散后不久即告瓦解，这也可以说明该党的质量。江亢虎随即前往美国，直到去年才回国。他在这段时间也像以前一样，并没有为中国的社会主义运动做过什么工作。当他看到中国的大学生倾向社会主义时，他就以所谓社会党的创建人的面目接近学生。但是革命的学生对他十分了解，所以没有理他，于是他就倒向反动的督军们及其首领——北京的总统，总统任命他为私人顾问。此后总统派他到了俄国，据他妻子告诉我们的翻译戈尔斯基同志（Горский），他的任务是搜集材料，准备写一本关于苏俄的书。离开北京以前，他找了远东共和国的代表优林，请他写一封介绍信。优林出于外交方面的原因不便拒绝。但优林同时电告克拉斯诺晓科夫同志（Краснощекав），不让他到莫斯科来。克拉斯诺晓科夫同志也并不希望他来，可是由于误会，他从共产国际远东书记处驻赤塔代表那里取得去莫斯科的护照（这是日本代表太郎告诉我们的，有关情况您可以询问克拉斯诺晓科夫同志）。我们得知他抵达莫斯科后，立即告诉了舒米亚茨基同志（资格审查委员会中的远东代表），请他不要发给代表资格证书，舒米亚茨基同志说，不会发给他证书。可是他得到了证书。我们知道，殖民地国家中的任何一个革命政党都可以参加共产国际，拥有发言权。但是他只是一个冒险分子并不代表任何政党。他既然不能获得中国青年的信任，共产国际接受他又有什么好处呢！他是反动的北京总统的私人代表，如果我们信任他，我们可以按这个身份接待他，但绝不能让他参与党的事务。

我们知道，他是一个老牌的社会主义者。他有这个名声是因为他第一个在中国提出社会党的名字，而不是因为他在中国从事过社会主义的工作。他从来没有接近过工人，也没有写过一本关于社会主义的书。他同现在的中国社会主义运动毫无关系。

我们很重视这件事，因为它会对中国的革命运动产生很大影响，有损于共产国际和中国共产党。我们请您注意这一点。

中国代表团代表
秀松（Сгосун）
张太雷

俞秀松、张太雷致季诺维也夫的信

参加共产国际第三次代表大会的中共代表俞秀松同志
向共产国际远东部所做声明
（1921年9月27日）

不久前来到莫斯科并自称中共党员的中国公民姚作宾并不是中共党员，所以他没有任何权力与共产国际发生联系。不管共产国际同他讨论什么问题，做出什么决定，据姚作宾建议给予什么拨款，中国共产党都不予承认，因为姚作宾是学贼，在第二次学生罢课期间他的劣迹尽人皆知。

我们担心共产国际因不了解实情而被姚作宾欺骗，认为有责任提请共产国际注意，希勿与之发生任何正式接触。

参加共产国际第三次代表大会的中共代表俞秀松

俞秀松向共产国际远东部所做的说明（1921年9月27日）[1]

[1] 原件系俄文，存俄罗斯国家社会政治历史档案馆，全宗514，目录1，案卷7，第9张。

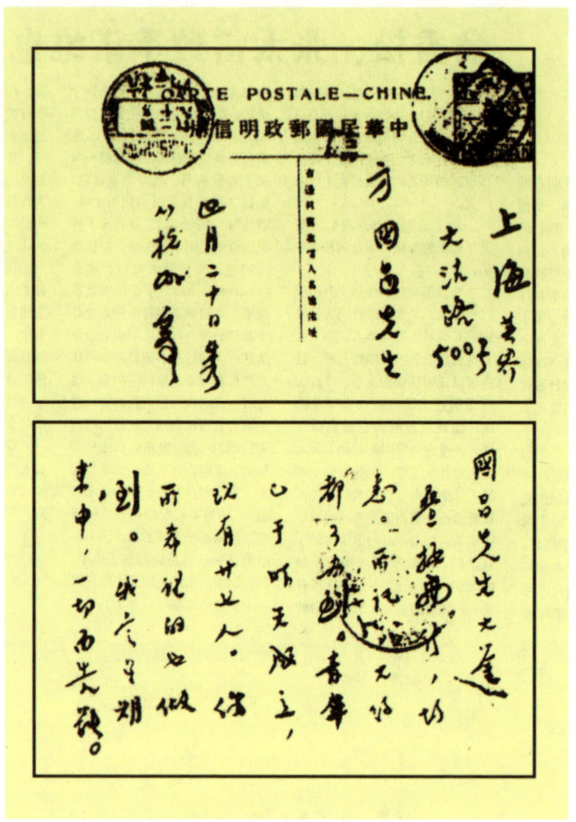

CARTE POSTALE—CHINE
中華民國郵政明信片

上海大沽路500号
方国昌先生

四月二十日
从杭州秀

1922 年 4 月 20 日，俞秀松写给方国昌（施存统）的明信片，
报告杭州社会主义青年团成立情况

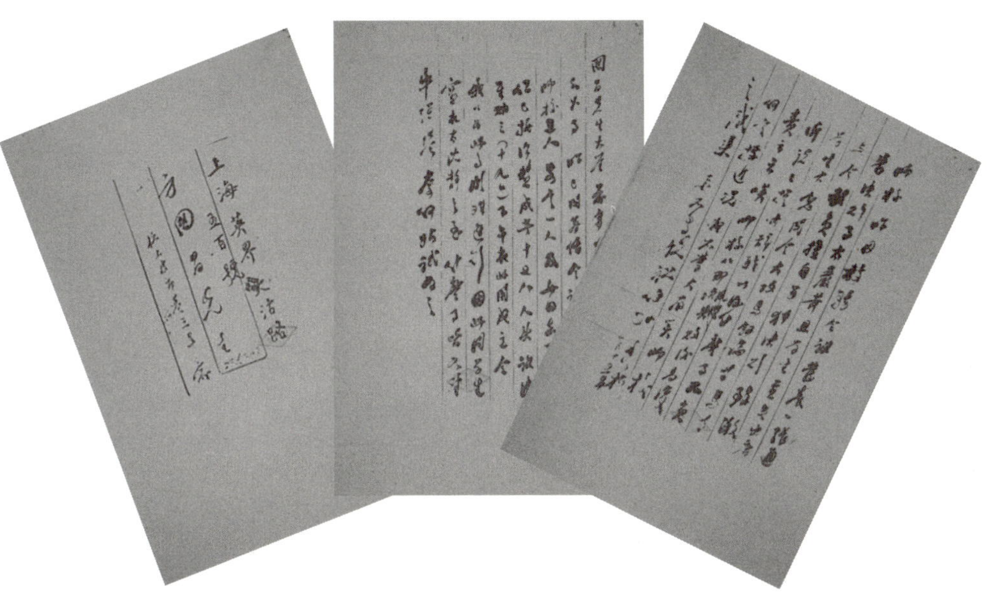

俞秀松致方国昌（施存统）的信函

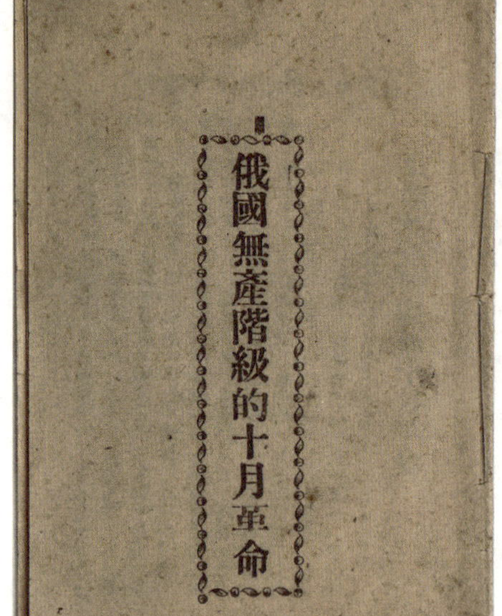

俞秀松收藏的书籍

广州东园，1922 年 5 月，中国社会主义青年团第一次全国大会在此召开

第二次会議 一九二二、五、十六、在廣州。

列席者：

蔡和森 張椿年

秀松 方國昌

議决事件：

一、組織星期日宣傳方法研究委員会；推舉譚菊坡、張椿年、戴麟三人為委員。

二、通過中央執行委員会細則。

三、推舉秀松為經濟部主任，蔡和森為宣傳部主任。

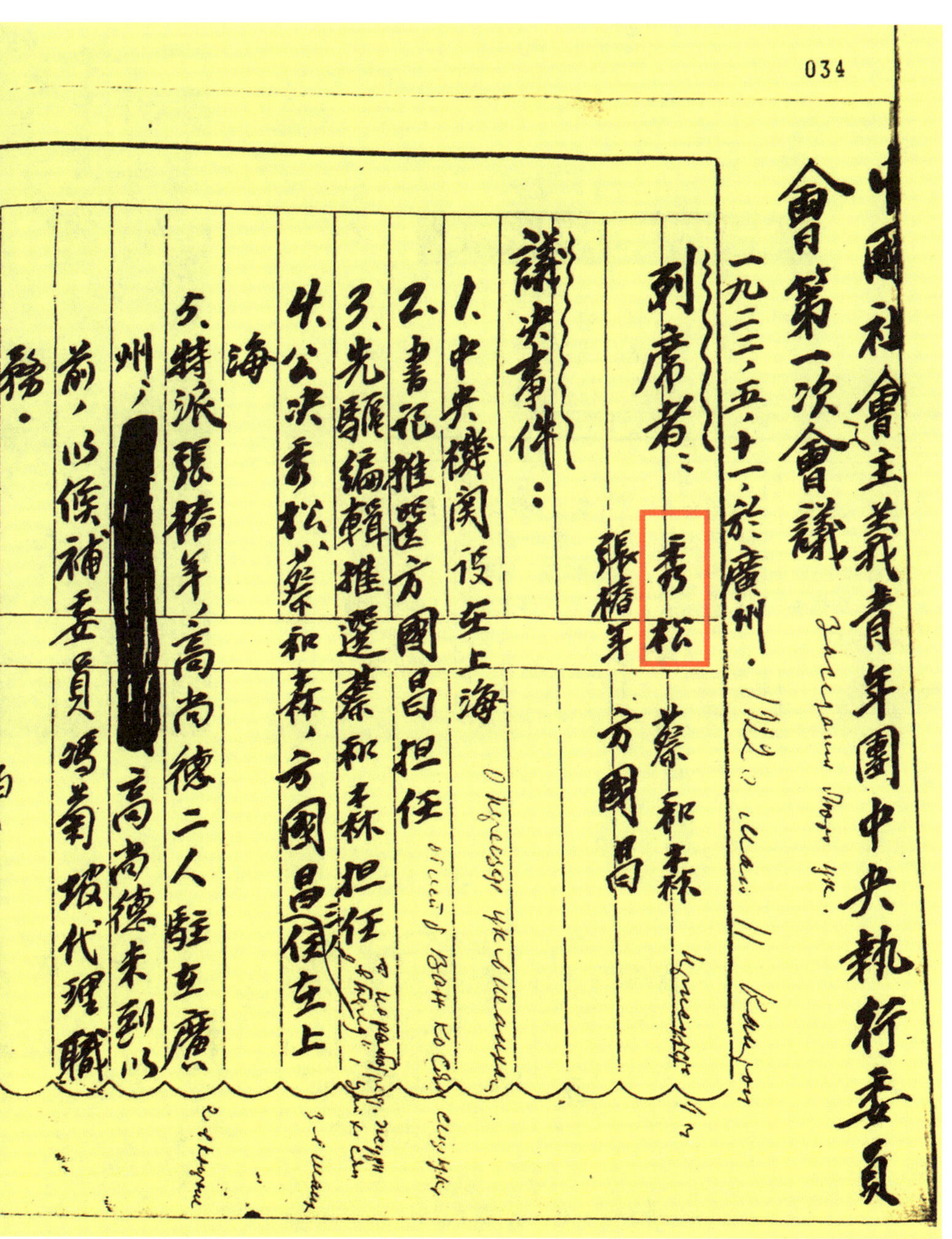
034

中國社會主義青年團中央執行委員會第一次會議

一九二二、五、十一、於廣州。

列席者：秀松 蔡和森 張椿年 方國昌

議決事件：

1、中央機関設在上海

2、書記推選方國昌担任

3、先驅編輯推選蔡和森担任

4、公決秀松、蔡和森、方國昌住在上海

5、特派張椿年、高尚德二人駐在廣州、高尚德未到以前、以候補委員馮菊坡代理職務。

1922 年 5 月，俞秀松以杭州社会主义青年团代表身份，出席了在广州召开的中国社会主义青年团全国第一次代表大会。会上，当选为第一届中央执行委员。后并被推选为经济部主任。图为团中央执行委员会的会议记录

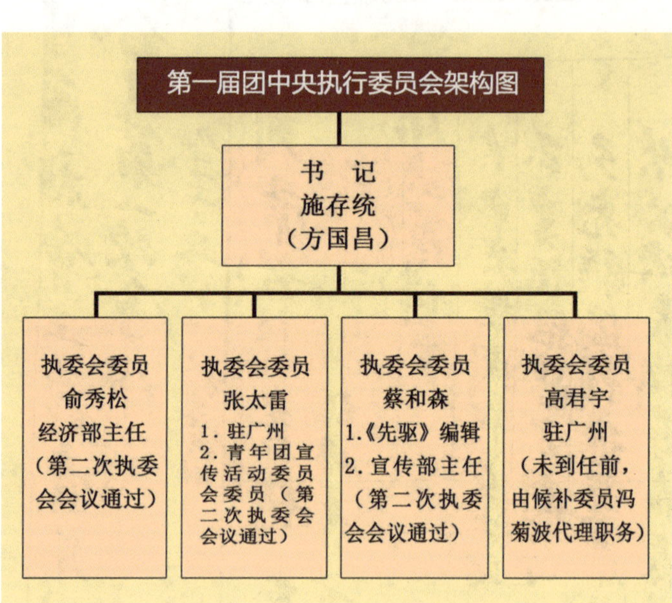

第一届团中央执行委员会架构图

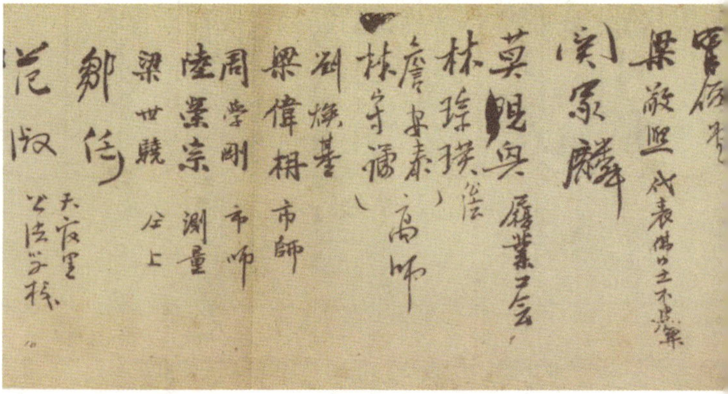

以中国社会主义青年团第一次代表大会为主题的油画

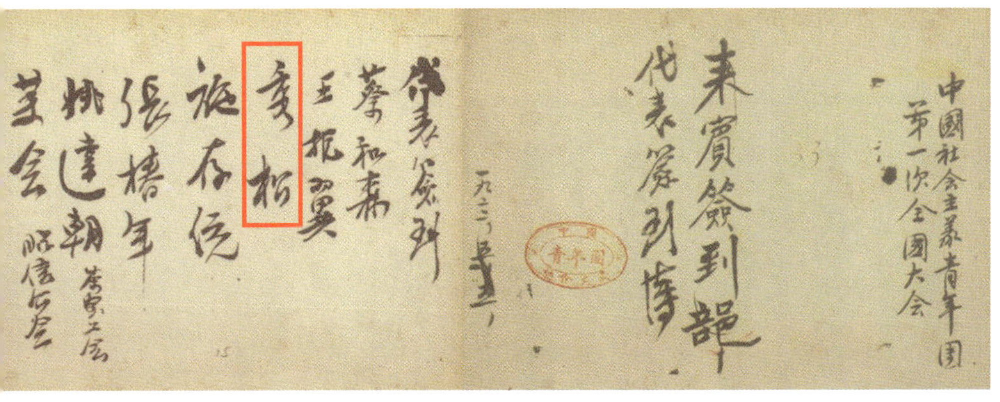

中国社会主义青年团第一次全国大会签到簿

縣委員蔡和森高尚德二人全权辦理之。

(4)委任魯易為瓊州地方團組織人。

(5)承認薛勝眉為常德地方團婦女運動委員會委員長。

(6)议决对于失業工人及學徒之團費，地方執行委員會得斟酌情形而減低之，但不能全數免除。

98

(7)准存统辭職，改選委員高尚德為書記。

(8)委員存统因病請假，议决准其請假三個月，自五日起算。在此請假期中，所遺職務，由候補委員馮菊坡代理。

(9)議決对旅歐中國少年共產党办法：

A.本团名称不能变更，(一)因此名已为社会上一般人所熟知，(二)因比较的可以公开。

B.旅欧中国少年共产党改为本团之旅欧支部时，除承认本团纲领、章程及决议案外，并须依照本中央所决定的国外组之办法；至其内部详细组织，中央可不加干涉。

47

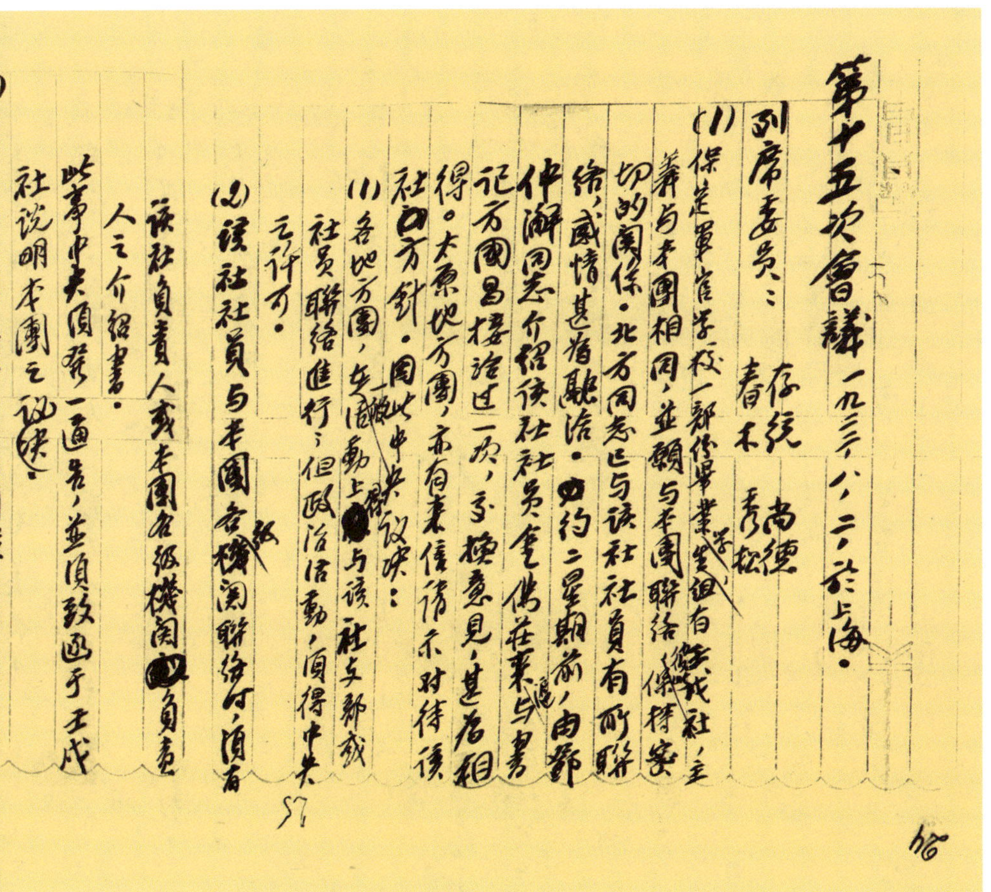

第十五次會議 一九二二、八、二、於上海。

到席委員：存統 尚德 春木 秀松

(1) 保定軍官學校一部份畢業生組有□□社，主義與本團相同，並願與本團聯絡，保持密切的關係。北方同志已與該社社員有所聯絡，感情甚為融洽。約二星期前，由鄧仲澥同志介紹該社社員□□□與書記方國昌接洽過一次，交換意見，甚為相得。太原地方團，亦有來信請示對待該社的方針。因此中央議決：

(1) 各地方團，在一般活動上，可與該社支部或社員聯絡進行；但政治活動，須得中央之許可。

(2) 該社社員與本團各級機關聯絡時，須有該社負責人或本團各級機關的負責人之介紹書。

此事中央須發一通告，並須致函于王成社說明本團之議決。

1922 年 8 月 2 日，中国社会主义青年团中央执行委员会第十五次会议在上海举行，俞秀松列席此次会议

2、本会派张春木同志为赴莫代表，并大林、秋白、式章、罗觉、述之等同志出席国际大会发言权代表证书、

3、改选秀松同志为E.C.书记。并决定将E.C.在上海，并推大其分担各职如下：

书记——秀松，经济委员——大时，宣传编辑——存统，驻京特派员——作静，驻粤特派员——书诚和葛坡

（大时、作静经通告后二星期内如无反对即任命为E.C.委员）。

并决定宣传内容，

(一)普通的理论并马克思以及C.I.文告及国际青年消息；

(二)青年工农学徒及学生之情形及他们经济与生活奋斗；

(三)含有青年革命教育性质的文字。

4、关于次日报告中之第四，决定孟和森同志全权办理和务会。

88

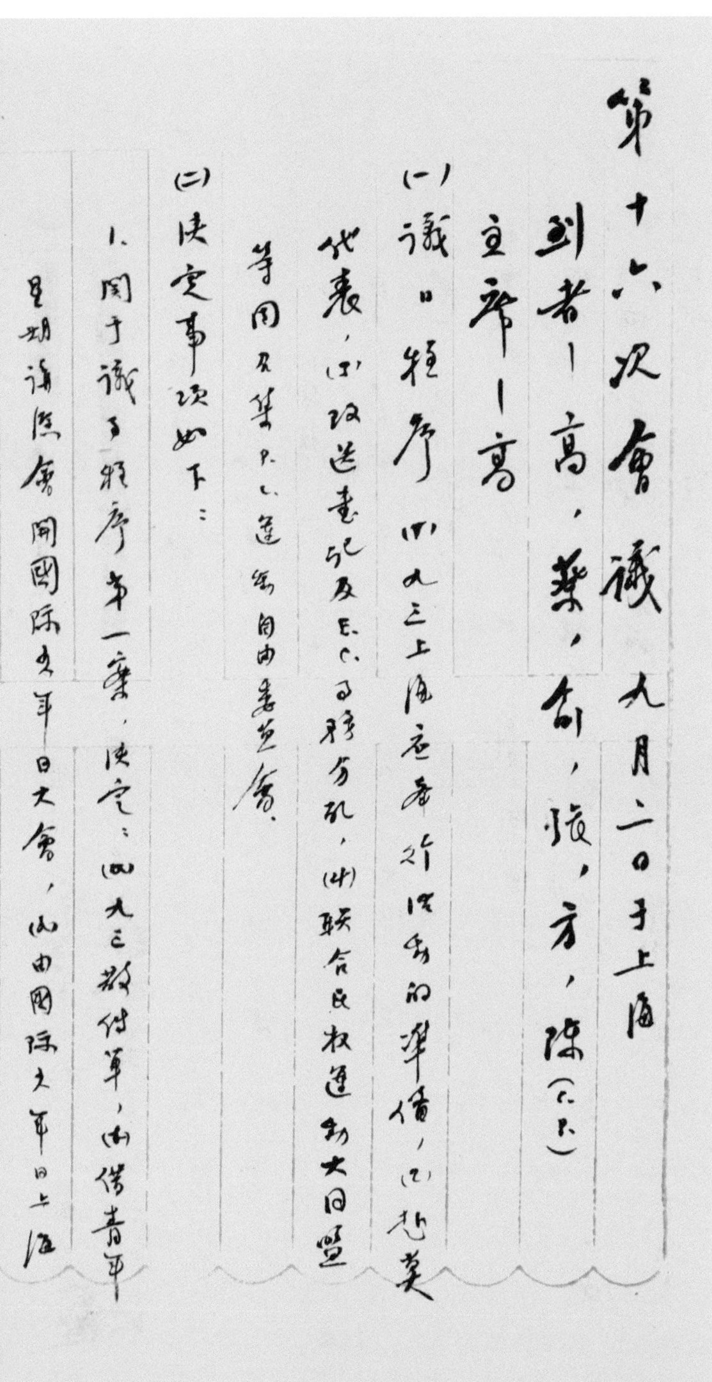
第十六次會議 九月二日于上海
到者—高，葉，俞，恆，方，陳（仁人）
主席—高
（一）議日程 （1）九三上海應舉行運動的準備，（2）推莫代表，（3）改選書記及E.C.司務分配，（4）聯合民權運動大同盟等問及集P.L.運動自由委員會。
（二）決定事項如下：
1.關于議事日程第一案，決定：（1）九三散傳單，（2）借青年星期講演會開國際青年日大會，（3）由國際青年日上海

1922年9月2日，中国社会主义青年团中央执行委员会第十六次会议在上海举行。施存统由于身体原因，辞去团中央执行委员会书记职务，会议改选俞秀松为中国社会主义青年团中央执行委员会书记

六、[illegible]决议通告各地方团和各处青年团体联络，
这[illegible]第一次的通告，只要说明
本团所以要和各种青年团体联络的利害关系。[illegible]
以后近期关于此事发第二次通告，详细决定本团和各种
青年团体联络的方针和办法。
关于此事的第二次通告，决由春木和尚德起草——，然后
提出再付讨论决定。

6、主席报告：前次会议决派春木同志和莫代表，往团别
种团体，春木同志不能去莫，所以已由前查示为任日
志向各委员接洽，改派刘仁静同志和莫为代表。前
次派春木和莫的决议正式的因此取消。

三、
本院同志提议并经决议者数事：
1、各地方团所有[illegible]所列为（报告，信函，文件
等）、不论对内的或对外的，均应[illegible]寄一份给中央。

18

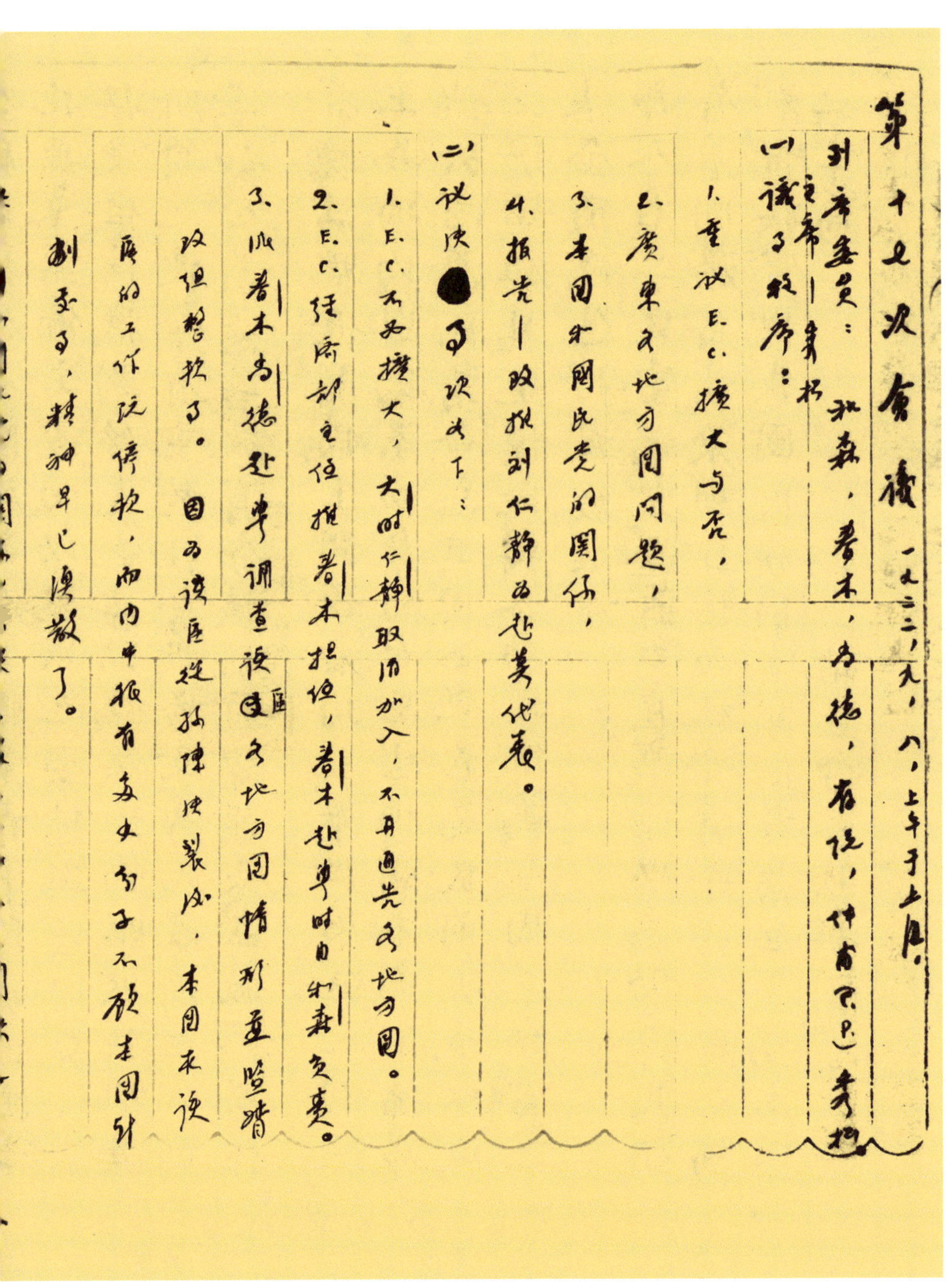
第十七次會議 一九二二，九，八，上午于上海

列席委員：和森，眷木，为德，右任，仲甫（C.P.）秀松。

主席——秀松

(一)議了秩序：

1.查议E.C.擴大与否，

2.廣東各地方团问题，

3.本团与国民党的关系，

4.报告——政担到仁静为赴莫代表。

(二)议决■了决如下：

1.E.C.不必擴大，大时仁静取消加入，不再通告各地方团。

2.E.C.经济部主任推眷木担任，眷木赴粤时由和森负责。

3.派眷木为德赴粤调查该区各地方团情形并监督改组整顿了。因为该区从孙陈决裂以，本团表决区的工作就停顿，而内中很有多少分子不顾本团纪劃委了，精神早已涣散了。

1922年9月8日，中国社会主义青年团中央执行委员会第十七次会议在上海举行，据会议记录，俞秀松为此次会议主席，陈独秀（仲甫）代表中共也列席了这次会议

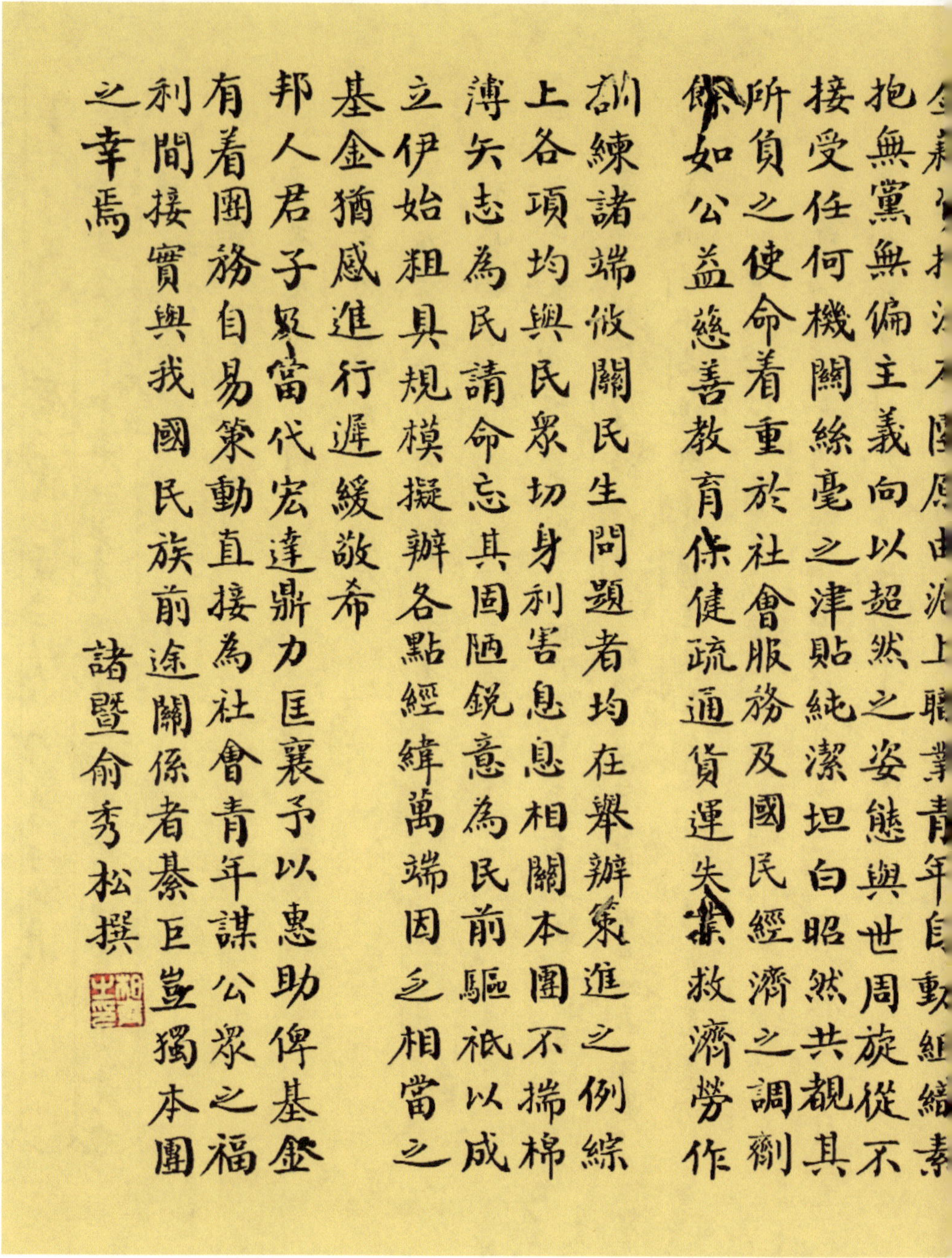

抱無黨無偏主義向以超然之姿態與世周旋從不接受任何機關絲毫之津貼純潔坦白昭然共覩其所負之使命着重於社會服務及國民經濟之調劑餘如公益慈善教育保健疏通貨運失業救濟勞作訓練諸端俶關民生問題者均在舉辦策進之例綜上各項均與民衆切身利害息息相關本團不揣棉薄矢志為民請命忘其固陋銳意為民前驅祇以成立伊始粗具規模擬辦各點經緯萬端因之相當之基金猶感進行遲緩敬希

邦人君子叚當代宏達鼎力匡襄予以惠助俾基金有着團務自易策動直接為社會青年謀公衆之福利間接實與我國民族前途關係者綦巨豈獨本團之幸焉

諸暨俞秀松撰

俞秀松撰写的《青年团筹集基金启事》

青年團籌集基金啟事

國家民族之強弱興替及社會之健全與否繫於青年以是近代國家咸趨重青年運動對於青年團之組織無不充分發展無論通商大埠及農村小鎮到處普遍設立均有健全之組織發展青運尤以軸心

我看到俞秀松同学同华林（当时省教育会干事）、沈肃文、安体诚（当时法政专门学校老师，又名存真）、于树德等，一起搞宣传活动。俞秀松头戴粗草帽、身穿旧青布衫，手抱一捆宣传品，看去像个工人模样，在场散传单。（赵并欢《忆一师同学俞秀松》）

世界無產青年團結起來呵！！

先驅

The Poneer

半月刊

第八號

每份零售銅元兩枚

一九二二年五月十五日出版

中國社會主義青年團第一次全國大會號

中國社會主義青年團第一次全國大會

中國社會主義青年團綱領

《先驱》

《先驱》于1922年创办,《先驱》第1—3期在北京出版,从第4期起迁到上海,并成为中国社会主义青年团临时中央局的机关刊物。1922年5月,中国社会主义青年团举行第一次全国大会,建立团中央机构,《先驱》正式成为团中央的机关报。

4

戎马春秋

1922年8月，中共中央在杭州西湖召开特别会议，作出了共产党员和共青团员以个人身份加入国民党、建立革命统一战线的决定。俞秀松是党内最早一批以个人身份加入国民党的共产党员。

1922年10月，经党中央批准，俞秀松辞去团中央书记职务，到福州担任许崇智部东路讨贼军总司令部参谋处一等书记官。1923年2月，孙中山由上海返回广州，并对所辖部队进行重新部署。俞秀松随东路讨贼军由闽入粤，先后在东路讨贼军总司令部和广东省议会总部工作。

俞秀松在广州期间，参加了国民党第一次全国代表大会。随后返回浙江，开始筹备国民党浙江省党部，在各地开展工农运动。1924年3月，俞秀松、宣中华、沈玄庐等人当选为浙江省党部执行委员，标志着国共合作在浙江的形成。

俞秀松以后又担任国民会议促成会筹备会主任，他奔忙于沪杭之间，推动两地国民会议促成会的成立。1924年12月4日，“浙江国民会议促成会”成立；15日，“上海国民会议促成会”成立；俞秀松主持起草了章程。

1925年五卅运动中，俞秀松积极宣传，动员组织全市的罢课、罢工、罢市斗争。“在国内革命的风暴中，他披坚执锐、冲锋陷阵，是一名英勇无畏的战士。”

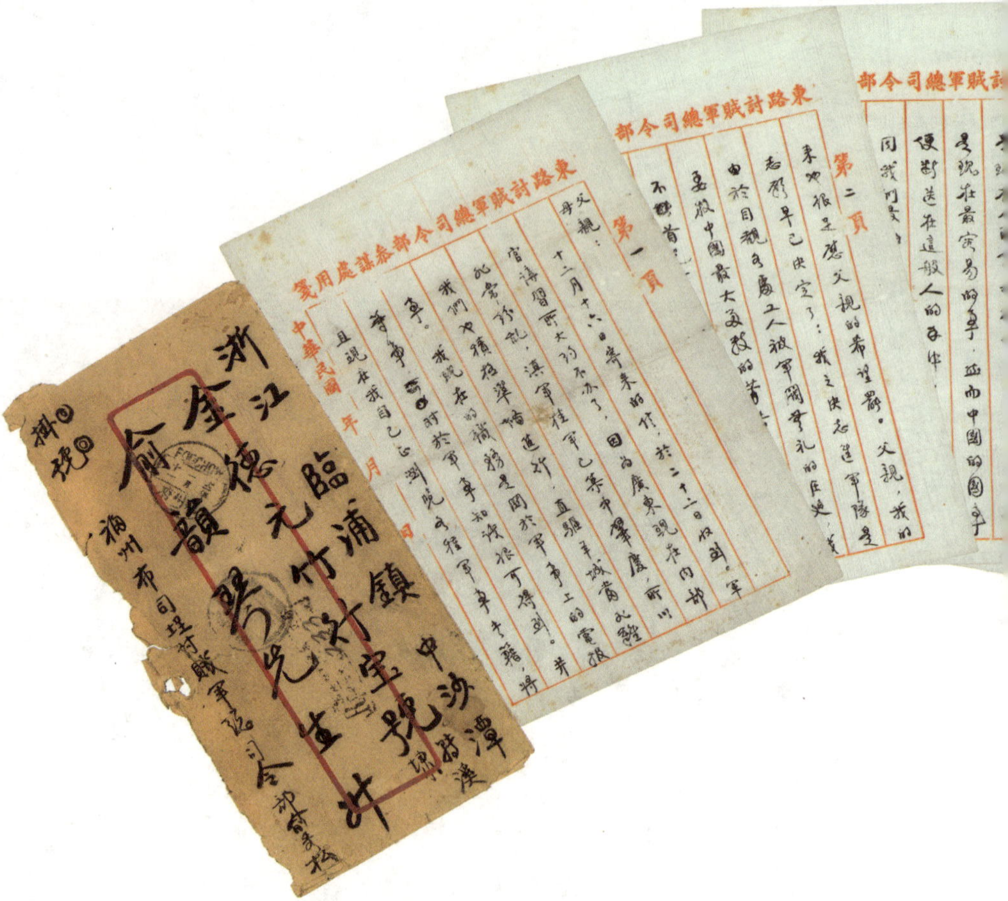

民国时期的福州城

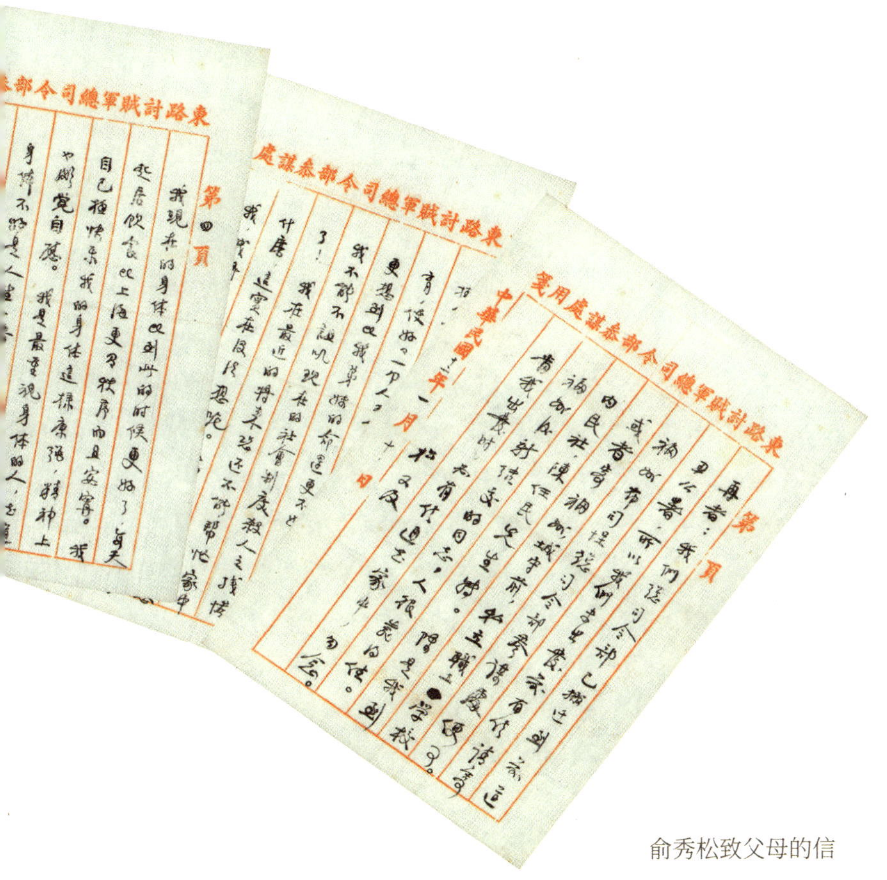

俞秀松致父母的信

父亲，我的志愿早已决定了：我之决志进军队是由于目睹各处工人被军阀无礼的压迫，我要救中国最大多数的劳苦群众，我不能不首先打倒劳苦群众的仇敌——其实是全中国人的仇敌——便是军阀。进军队学军事知识，就是打倒军阀的准备工作。这里面的同事大都抱着升官的目的，他们常常以此告人，再无别种抱负！做官是现在人所最羡慕最希望的，其实做官是现在最容易的事，然而中国的国家便断送在这般人的手中！……做官？我永不曾有这个念头！父亲也不致有这样希望我吧。（1923 年 1 月 10 日，俞秀松致父母信）

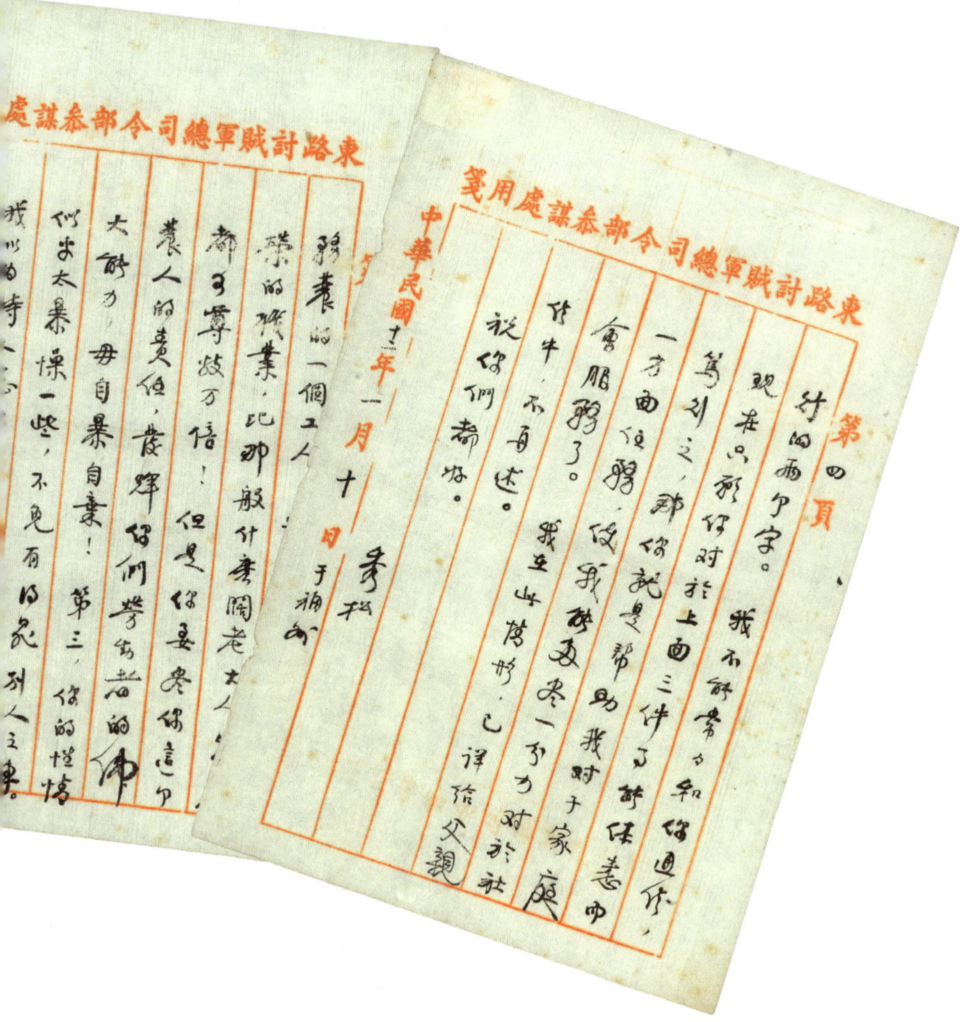

東路討賊軍總司令部參謀處用箋

第四頁

什的两个字。我不能常々知你通信，

现在只願你对於上面三件了解体悉中

篤引之，那你就是帮助我对于家庭

一方面很多，使我能多尽一分力对於社

会服务了。我在此情形，已详给父親

信中，不再述。

祝你们都好。

中華民國十三年一月十日 秀松 于福州

俞秀松致大弟俞寿乔的信

广东省议会总部（现为广东革命历史博物馆所在地），当时东路讨贼军司令部设立于此

國民會議促成會之籌備會

日前籌備歡迎孫中山之各公團、因孫已離滬北上、歡迎事件業已完結、特於昨日下午二時、假天潼福德兩路商界聯合會開結束會議、到申江學會・閘北市民對外協會・上大浙江同鄉會・悟悟文學社・南市市民對外協會・真茹平民教育社・暨南，學學生自治會・店員聯合會・機器工人俱樂部・上海平民教育研究社・全國學生總會・勞工青年、・浙江旅滬工會・旅滬山東學生同志會・船務棧房工界聯合會・民治急進社・旅滬廣東自治會・天潼福德兩路商界聯合會・安徽逃亡學生團・瓊崖新青年社等二十七公團、代表五十三人、推郭景仁主席、報告經過情形、旋由上海平民教育研究社代表李誠提議、組織國民會議促成會、以擁護孫先生之主張、期國民會議之早日實現、經衆討論、一致通過、特先設立籌備會、以便進行、推定陳廣海・宣中華・李誠・俞秀松・郭景仁・沈尚平・干翔青・七人爲籌備委員、籌備一切進行事宜、並決定以到會二十七公團名義、發表宣言及草章、廣徵各公團加入云、散會後、各籌備委員接開第一次委員會、互推陳廣海・郭景仁・爲總務委員、宣中華・俞秀松・爲文牘委員、李誠・干翔青・爲交際委員、沈尚平爲會

20 世纪 20 年代，在报刊上登载的关于国民会议促成会的消息

父亲，我自己感觉在社会上种种苦痛，并且感觉着社会上和我们同样苦痛或更苦痛的许多人，驱使我的良心不得不去打破这种种苦痛的根源，决计此后在军界上活动，暂时自己只可忍受这些苦痛。有志者事竟成，我确信我们的主张是能实现的，使中国人大家脱去苦痛而登于和爱快乐的境地。(1923 年 7 月 23 日，俞秀松给父亲的信)

5

留苏生涯

1925年，共产国际和苏联政府为纪念孙中山先生，在莫斯科创办了为中国革命培养干部的“中国劳动者孙逸仙大学”（即中山大学）。

1925年10月28日，俞秀松乘船从上海出发，再赴苏联。同行的有张闻天、王明、王稼祥、杨尚昆、伍修权、乌兰夫、蒋经国等人。陈独秀亲自任命俞秀松担任留苏学生的领队和旅苏途中临时委员会书记。俞秀松虽然年轻，但他工作认真负责，大家都尊称他为“老资格的共产党员”。

在莫斯科中山大学，俞秀松被编入第7班，他的俄文名为鲁宾·那利曼诺夫。在此学习期间，俞秀松先后担任中山大学学生会主席、校联共支部局委员、监察委员会主席等职。

由于国际形势的复杂多变，中国大革命经历了从胜利发展到遭受失败的曲折过程，加之联共（布）党内斗争的影响，使得中山大学亦出现了派别斗争。此间，俞秀松、董亦湘、周达文等人同王明的错误路线进行了坚决的斗争。经过努力抗争，俞秀松等人胜利通过了清党审查等多次运动的考验。

1927年11月，俞秀松以优异的成绩从中山大学毕业，校方给他的毕业评语是：“在党团方面：坚定；守纪；执行党的路线政策。学习方面：工作能力强；很好地领会掌握课程内容。可在党的领导工作中加以使用。”

随后，俞秀松考入列宁学院。一边执教，一边攻读研究生，同时担任学院联共支部局委员、监察委员会主席等职。从列宁学校毕业后，俞秀松留校继续担任教员。然而，由于此时“左”倾冒险主义的推行，对中国革命造成重大损失。1931年11月，王明重返莫斯科，仍然利用职权，将诬陷俞秀松、董亦湘、周达文等人的材料反映到共产国际执委会政治部书记处。结果在1932年10月，俞秀松被解除了教职，前往远东边疆哈巴罗夫斯克（伯力）工作。

在伯力工作期间，俞秀松担任了《工人之路》的副主编。该刊在远东边疆区委领导下，向各地的旅俄华侨传达联共（布）党的方针指示，报道国际国内形势，宣传革命理论，还为中国留学生们提供各种帮助。

Москва, Волхонка №16,
Университет трудящихся Китая
имени Сун-Ят-Сена,
тов. НАРИМАНОВУ.

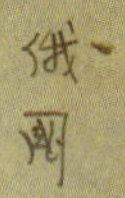

俞秀松在莫斯科的地址

父親母親：

你們接到我這封信，是要何等的快樂呵！我的行蹤，實在叫你們太難猜了！我已經有一年沒有寫信給你們，你們那里料到我飄泊到了萬里的赤都？我是去年十月廿八由上海起程，十一月二十三日到達莫斯科。當時臨行匆匆，所以未及報告，到俄之後，又因工作繁忙，無暇寫信。況且離家太久，要說的話太多了，就是想寫信也不知從何處說起呀！這是我不寫信給你們的原因。

我此次重游俄京，決心對於學理方面要好好研究一番。現在我們的學校，就是本年開辦的孫逸仙大學，所有的學課，都是政治經濟方面的。我們的生活是非常之好，為國內任何大學所不能比擬。俄國自革命後，在前五年，因受帝國主義之封鎖，國內戰爭之破壞，全國的經濟幾全被摧滅，所以我第一次到俄的生活是很苦的。但

是此次到俄，情形與前大不同。為帝國主義的新聞政策所蒙蔽下的中國人，那里會夢想到俄國的[illegible]這樣多驚異的建設能力，使垂危的蘇俄可以復興？現在蘇維埃政權是一天鞏固一天，工業和農業是一天發展一天，帝國想撲滅蘇俄的企圖和陰謀都均失敗了。自去年以來，歐美各國的社會團體，接連不斷遣派代表到俄國來參觀。從前各國人士目為洪水猛獸的赤俄，將成為全世界被壓迫人民的樂土。我在此學習，物質方面的享受非常優越，所以好一心一意的研究。我在俄唯一的任務就是研究學理，這是可以使你們安慰的。

現在我在離莫斯科四十俄里的鄉村，[illegible]地方一所極大的休養所避暑。其實俄國在暑天的氣候並不甚熱，不過一到每年十月至三月間的五個月，幾乎天天下雪，幾個月從不見太陽見

到，所以每天只能够休息晒太阳了。他们俗语说，"太阳、空气和水是最好的医生，是我们最好的朋友"。在这休养所休养的人，除我们同学之外，大部分是各工厂的工人，各机关的办事人。我们的生活，一切都要依照医生的规定，每天吃四顿，每天午饭后必须要睡觉一小时，每天上午可以到河中去学游泳，下午可以划小船，此外还有各种运动。总之，这种生活完全以休养为原则，是一种科学的生活，一种新社会的生活。苏俄自革命后，对于一般平民的体育卫生是很注重的。我到此之后，身体比前更觉强健，这也是可以使你们安慰的。

别的话不说了。我附上通讯地址一张，你们要写信给我，就要把他贴在信壳上便可寄到。其中有两行是字的，可以作为我。由内地寄到俄国的邮费，大概是十[illegible]分邮票，问一问邮局便可知道。

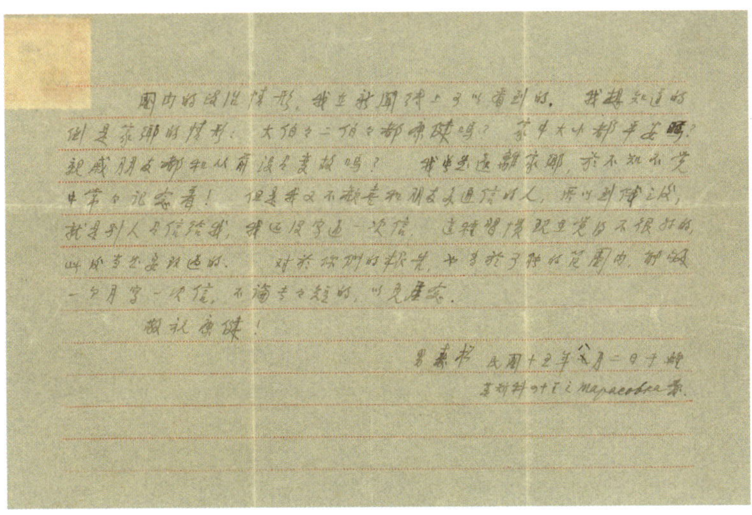

国内的政治情形，我在新闻纸上可以看到的。我想知道的倒是家乡的情形：大伯伯二伯伯都康健吗？家中大小都平安吗？亲戚朋友都和从前没有变故吗？我常常远离家乡，于不知不觉中常常记念着！但是我又不欢喜和朋友多通信的人，所以到俄之后，就是别人写信给我，我还没写过一次信。这种习惯现在觉得不很好的，此后当然要改过的。对于你们的报告，也当于可能的范围内，尽量一个月写一次信，不论长长短短的，以免廑念。

敬祝康健！

男秀书 民国十五年八月二日于莫斯科

[illegible] Mapaceвка

俞秀松致父母亲的信函

我此次重游俄京，决心对于学理方面要好好研究一番。现在我们的学校，就(是)去年开办的孙逸仙大学，所有的学课，都是政治经济方面的。(1926年8月2日，俞秀松给父母亲的信)

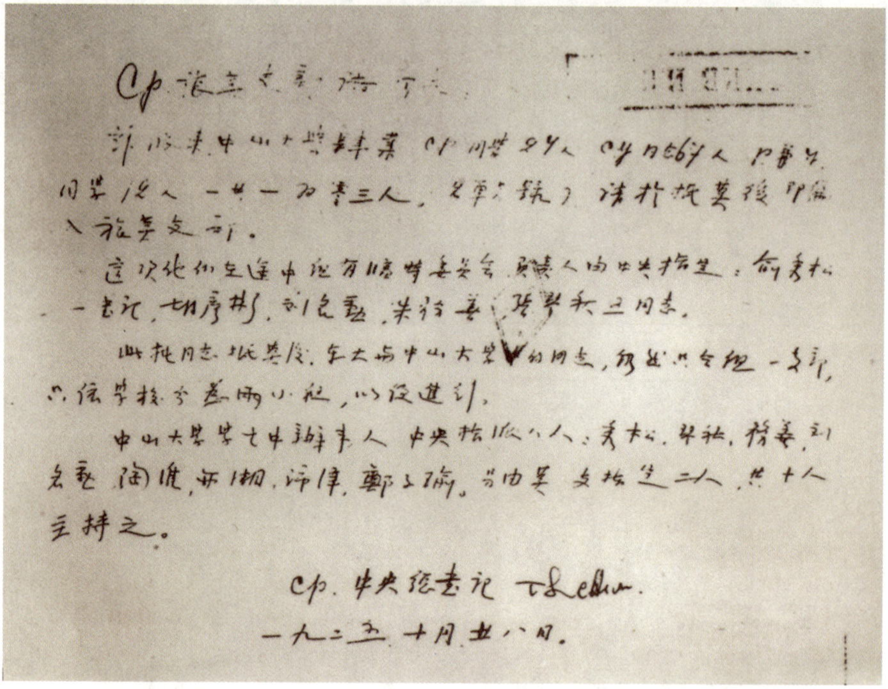
CP旅莫支部诸同志：

新从中国来中山大学学生，CP同学五十四人，CY同学六十七人，非党员同学十八人——共一百三十九人。其中CP、CY同学请于抵莫后即编入旅莫支部。

这次他们在途中组有临时委员会，负责人由中央指定：俞秀松（书记）、胡彦彬、刘伯庄、朱务善、张学秋五同志。

此批同志抵莫后，除去入中山大学的同志，须照从前组织一支部，入该学校分为两小组，以便进行。

中山大学学生中办事人，中央指派八人：秀松、望秋、务善、刘伯庄、陶侃、严捆、沛侯、邓文瑜。另由莫支指定二人，共十人主持之。

CP.中央总书记 T.S.Chen.

一九二五，十月廿八日。

陈独秀任命俞秀松担任留苏学生旅苏途中临时委员会书记的亲笔信

孫逸仙大學

黨員批評計劃案

組次 一九二六年六月

姓名 俞秀松 學生證 No

入黨年限 黨的工作

1. 黨員

a. 一切行動是否合於黨員的身分（非黨的傾向有無發現）

б. 守紀律與否 守紀律

2. 對於黨的工作是怎樣的

a. 出席大會和組會與否

б. 黨指定的工作是否執行（勉強的，忠實的）

3. 對國民黨的關係如何

4. 對於功課的關係如何

5. 黨的進步方面（非黨的傾向已否清滅，若是青年團的團員，他在青年團裏接受黨的影響）

6. 對國民黨的關係如何

a) 在國民黨中是否消滅黨的面目

б) 是否不以國民黨的態度對國民黨員

в) 在國民黨中是否能適合實行黨的意見

7) 做甚麼工作是最適合的

俞秀松在中山大學就读时填写的材料

莫斯科中山大学（今沃尔洪卡大街 16 号）

莫斯科中山大学大门

莫斯科中山大学教学楼

我在此已有两周年了，专攻政治经济等科学，虽无长足的进步，但颇觉为学的兴趣。拟留此间尚有两年，务想研究一种专门学问，以为将来为国之用，庶不负我父母的殷殷期望。现在国家多事之秋，我颇知处世之道，现在一切自知谨慎，不作浮谬之言，多多准备实学，这是我的座右铭了。（1927 年 10 月 20 日，俞秀松给父母亲的信）

莫斯科中山大学教学楼一楼大厅

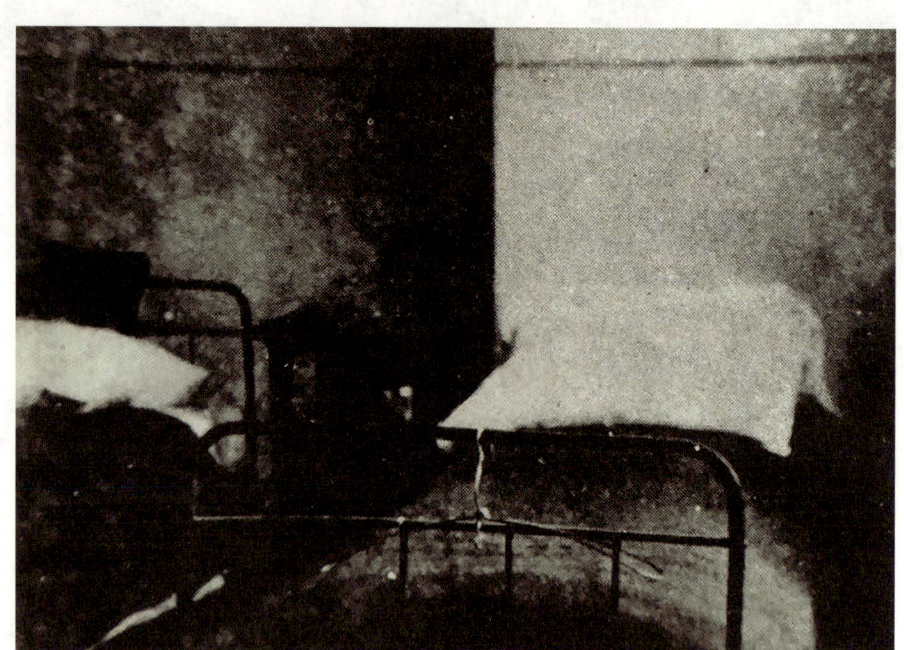

莫斯科中山大学的宿舍

“此校自去年新设立的，学生都是世界各国的人，尤以德、法、英、美四国的人为多，此外如南美洲、非洲、印度、波斯、南洋群岛、日本、高丽，各地的人都有，聚世界各色人种于一堂，诚人生最快事也。”“此间生活是很舒服的，每星期除上课和自修外，总有一两次晚会，或者看电影，或者参加各种大会听名人讲演，所以对于身心都有极大裨益的。回想国内一般人民的生活情形，连年天灾人祸，不禁忧从中来。民国扰攘十六年，不知政局将于何日澄清，使人民得享太平之乐也？我虽离国三年，固无日不忧念祖国，但我现在只有努力研究学问 ，以为将来社会之驱使，又有何能为力！”（1927 年 11 月 24 日，俞秀松给父母亲的信）

ПАРТИЙНО-УЧЕБНАЯ ХАРАКТЕРИСТИКА СТУДЕНТА
УНИВЕРСИТЕТА им. СУН ЯТ-СЕНА ВЫПУСКА 1926-27г.

1. Нариманов ....., пров. Чжэ-цзян ..... возраст 27
член ККП с 1920 г., член КСМ с 1920 г., член ГМД с 1922 г. ВКП(б) с 1926 г.
2. До Университета вел работу ... [illegible]
3. В Университете вел работу: а) по партийно-комсомольской линии ... [illegible]
б) по общественной и клубной работе ...
в) по учебной работе ... [illegible]
4. По партийно-комсомольской линии: а) выдержанность ... Вполне
5. б) дисциплинированность ... Вполне
в) в текущей партийной жизни разбирается ... Вполне
г) тактическую партийную линию проводит ... [illegible]
5. По учебной линии: а) работоспособность ... хорошая
б) активность ... средняя ..... в) усвоение курса ... хорошо
г) навыки в работе ...
6. Может быть использован на работе ... Руководящая партийная работа
ПРИМЕЧАНИЕ (индивидуальные особенности)

中山大学对 1926－1927 届毕业生俞秀松的组织学习鉴定

（1927 年 5 月 20 日）

1. 那利曼诺夫，浙江省人，现年 27 岁，1920 年起为中国共产党党员和共产主义青年团团员，1922 年加入国民党，1926 年起加入联共（布）。

2. 入校前曾任中共上海区委书记，中共杭州区委书记，中共上海区委委员，上海共青团区委书记，共青团中央委员、书记，浙江国民党省委委员。

3. 在校担任如下工作：1）党团工作方面：联共（布）大学支部局委员，联共（布）年级支部局书记，监察委员会主席，国民党执委主席；2）社会、俱乐部工作方面，未担负任何工作；3）学习方面：是一位表现积极，主动性强的同志。

4. 在党团方面：1）坚定，2）守纪，3）完全了解目前的党内生活情况，4）执行党的政策路线。

5. 学习方面：1）工作能力强，2）活跃性一般，3）很好地领会掌握课程内容。

6）可在党的领导工作中加以使用。

联共（布）支部书记　阿·西特尼科夫

1927 年 5 月 20 日

莫斯科中山大学对俞秀松的毕业鉴定[1]

[1] 俄文原件存俄罗斯现代文献保管与研究中心，全宗号 495，目录号 225，卷宗号 3001。

莫斯科东方大学，1921 年俞秀松曾在这里学习

莫斯科东方大学教学楼

莫斯科东方大学教学楼走廊

莫斯科东方大学教室

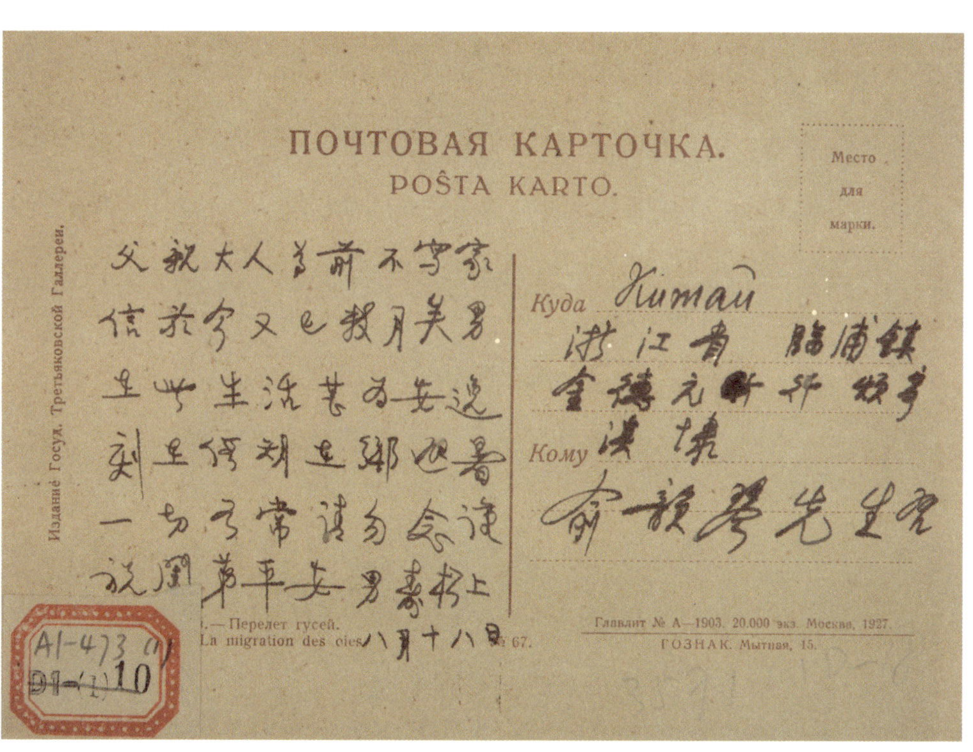

ПОЧТОВАЯ КАРТОЧКА.
POŠTA KARTO.

Место для марки.

Издание Госуд. Третьяковской Галлереи.

Куда Китай

Кому

八月十八日

.—Перелет гусей.
La migration des oies. № 67.

Главлит № А—1903. 20.000 экз. Москва, 1927.
ГОЗНАК. Мытная, 15.

1928 年 8 月，俞秀松在黑海之滨克莱姆半岛（即克里米亚半岛）休养时给父亲邮寄的明信片之一

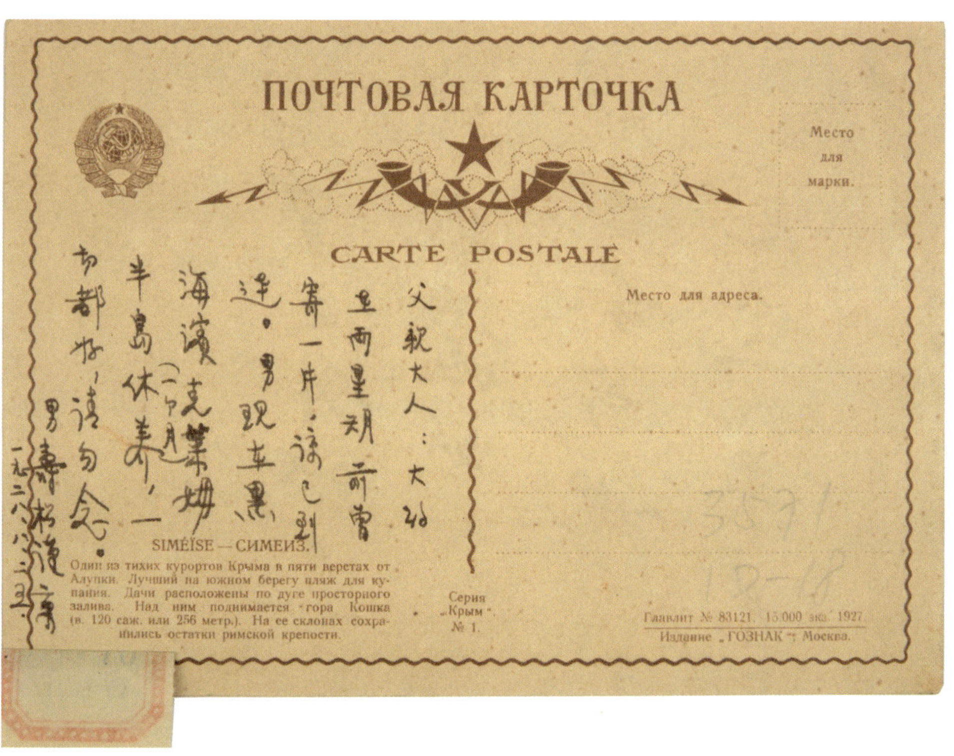

ПОЧТОВАЯ КАРТОЧКА

CARTE POSTALE

Место для марки.

Место для адреса.

父親大人：大约五两星期前曾寄一片，諒已到達。男現在黑海濱克萊姆半島（一個月）休養，一切都好，請勿念。

男壽松謹稟

一九二八.八.二五.

SIMÉISE — СИМЕИЗ.

Один из тихих курортов Крыма в пяти верстах от Алупки. Лучший на южном берегу пляж для купания. Дачи расположены по дуге просторного залива. Над ним поднимается гора Кошка (в. 120 саж. или 256 метр.). На ее склонах сохранились остатки римской крепости.

Серия „Крым". № 1.

Главлит № 83121. 15.000 экз. 1927.

Издание „ГОЗНАК" Москва.

1928 年 8 月，俞秀松在黑海之滨克莱姆半岛（即克里米亚半岛）休养时给父亲邮寄的明信片之二

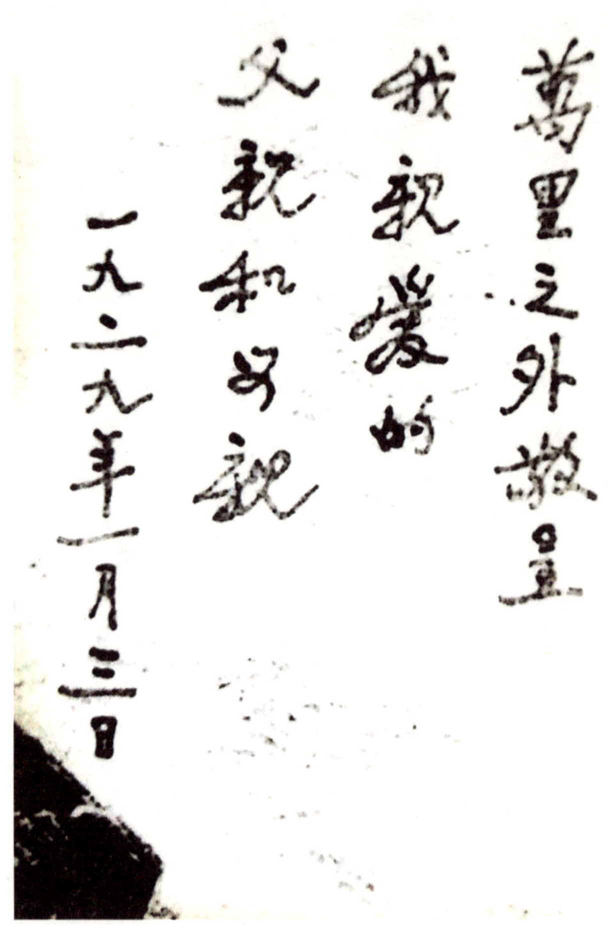
萬里之外敬呈
我親愛的
父親和母親
一九二九年一月三日

1929 年 1 月，俞秀松寄给父母亲的呈语（写在照片背面）

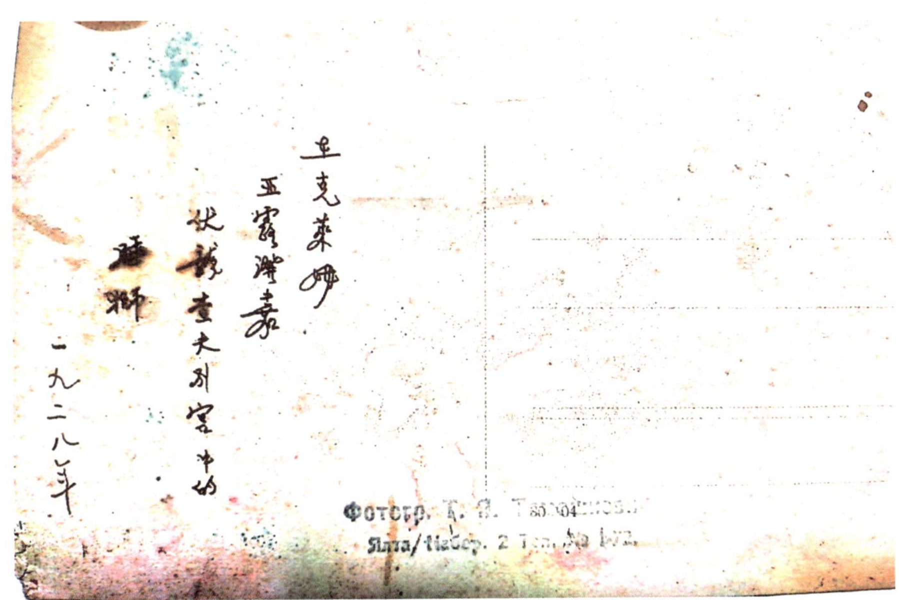

丘克莱娅
亚露泼素
伏龙查夫别宫中的
睡狮
一九二八年

1928 年俞秀松寄存的明信片

国际列宁学校，1927—1933 年俞秀松曾在此学习和任教

国际列宁学校教学楼

国际列宁学校教学楼进厅

国际列宁学校教学楼二楼报告厅

1932 年，俞秀松在莫斯科国际列宁学校学习时的留影

自 传

050

纳里马诺夫同志于
32年10月15日由联共(布)
中央派往远东边区

我,中国人,于1899年出生在浙江省一个贫苦农民的家庭里。

我父亲在24岁之前(原文如此),后来去读书,成了一名乡村教师。最近几年他是职员。我母亲是家庭妇女。我家人口很多,但土地很少,大约三——四亩(相当于1/10俄亩)。主要靠父亲的薪金和租别人的土地为生。最近几年我对家里的情况不太了解,因为我已很久没有回国了(大约十年)。

十六岁之前,我一直在乡下,种田放牧,但同时也在农村的小学念书。在我父亲一位朋友的帮助下,后来到一所师范学校学习,在那里学了四年半。后家庭情况无力供我继续读书。艰苦的家境促使我参加革命运动。那时我开始接触马列书藉,尽管很难搞到。1919年我和其他同志想成立一个以"不劳动者不得食"为口号的新组织,但我们的努力未能成功。1920年,我到上海进了一家工厂,想在工人中进行宣传。在那家工厂里我虽然只劳动了五个月,但对我树立马列主义的信念十分重要。

1920年春,我和一批同志想成立中国共产党,但由于我们之间观点上的不一致而未有结果。后来到那一年的夏末或秋初时终于在上海组织起了第一个党的组织。我积极参加了这项工作。根据党的委派我又在上海组织了第一个团组织(当时叫中国社会主义青年团)。1921年,我作为我们党和共青团的代表参加了共产国际第三次代表大会和青年共产国际第二次代表大会。而后又参加了东方各革命民族第二次代表大会。1922年,在中国共产主义青年团第一次代表大会后,我被选为团中央委员,后来又当选为中央书记。1923年在广东军队中工作。1924年在浙江省国民党省党部担任书记。1925年为我党上海区委委员,同时兼国民党区委书记并担任其他社会工作。

1925年底,党派我赴莫斯科中国大学学习,担任国民党组织的主席和我们党的书记。在中国劳动大学学习了两年,为学生会主席和联共(布)支部局成

051

员.1926年我转为联共(布)党员.1928—1930年间,我在列宁国际学院学习.最近三年我担任国际列宁学院中国部教员,教授联共(布)党史和列宁主义,同时读学校的研究生.

我未曾参加其他党派,除了如下历史事实:1922年根据党的指示参加了国民党,在国民党组织我一直担任我党的书记并一贯执行我党的指示。1927年退出国民党.

在此期间,我还多次在其他社会组织里参加工作。1920年,根据党的委派我组织了一系列工会(印刷工人、纺织工人、五金工人工会等),成立半日制工人学校和工人俱乐部.1922年我积极参加了上海的多次罢工.1924—1925年,领导了浙江和上海举行的游行活动. 在这段时间,还领导了国民会议的运动等.

在我从事党的活动的整个时期里我曾两次被捕. 第一次在1920年,因转送党的文献被捕.第二次在1924年,因参加游行.这两次被捕关押的时间仅两天.还有一次,在1925年年初,我在浙江,因从事非法组织的罪名遭到追捕,但我避开逃脱了.

从我们中国共产党创建时期到今天我未犯过政治错误. 我始终积极执行党的路线,与中国共产党和联共(布)队伍里的各种各样的偏向和动摇进行积极的斗争. 我始终积极捍卫共产国际关于反对中共中机会主义分子和叛徒的指令. 在最近几年,尽管有个别人对我进行了无原则的攻击和恶毒的诬蔑,但所有这些事件均为联共(布)中央监察委员会、清党委员会和共产国际执委会所查清.

纳里马诺夫(鲁·阿·纳里马诺夫)
(俞秀松)
一九三二年十月十五日

联共(布)党证0050492

俞秀松在苏联时写的《自传》中译件

32
059

2138 履历表 档案号—— 问题	机密 到达日期 回答
1、姓名	鲁宾·纳里马诺夫
2、何国党派来列宁学院	中国共产党
3、是否已由列宁学院、工会国际或青年共产国际寄来开列账户	
4、出生时间和地点	1899年,浙江农村
5、民族	
6、/国籍	
7、出身	职员/教师
8、家庭情况(由其赡养的家庭人口)。如已婚,妻子是否工作,职务,出身,属何党派	独身
9、列举家庭成年成员,从事何种工作	父亲为职员,母亲已过世。两个弟弟,一个是农民,一个是工人(纺织工),另个一弟弟还小。3个姐妹。现在有几口人,不知道,因为已有十年不在家里。父亲有一个后母。
10、有否亲属在苏,从事何种工作,他们的确切地址	无
11、人党前和目前的财产状况	在人党前(1920年前),我家很穷,后来上升至中等。目前状况如何,我不清楚。应该说,我和家里已有10年没有经济上的往来了。

26、有否参加(或同情)党的机会主义小团体,派别流派,何种团体,何时参加

27、有否受过党的处分,何处分,原因(开除出党)

28、有否受过法庭审判,查,有否被捕,有否被法庭决,何时,何地,原因(坐牢间)

29、是否工会会员,何种会,何地加入,会龄

30、在工会中是否当选担过职务,带薪的还是义务何地,何职

31、主要的党的工作经历派至列宁学院前最后的工作(详述)

32、在党内是否当选担任职务,何职,何时,何地述)

33、地下工作情况,何时地,何种工作(详述)

34、自传　我于1899是农民(24岁之前)。现在

十月革命唤醒了中国

061

审，因地下党的刊物

海参加印刷工会，纺织工
起为苏联教育工作者联

海曾任工会教导员

，区党委成员，工人报刊
属军委委员．在派至列宁
间支部书记，中国劳动者
支部局书记

共青团中央书记，共青团
24－25 年上海区委书记
年中国劳动者共产主义
委员；1928－29 年列宁学
员

一直在地下或半地下状态

祖，父亲是职员，教师．但过去
多一次）．家庭状况不太了解．
曾和其他同志一起成立过一些

062

研究马克思主义的组织．1920 年我进了一家工厂，目的是为了在工人中间进行宣传，并组织了一系列工会．同年，我和其他同志一起创建了中国共产党．从此我在党的组织里工作．1921 年我受党的委派作为党的代表到莫斯科参加共产国际第三次代表大会和青年共产国际第二次代表大会．后回到中国，在党组织和共青团中央工作．1924 年 12 月党派我到中国劳动者共产主义大学学习，后来又到国际列宁主义学院学习．

俞秀松填写的个人履历表

(1)

旅莫中國國民黨支部黨員調查表

1	姓名：中文姓名 ________ 西文姓名 Нариманов 過去所用的假名 [illegible]	086 像片
2	籍貫：生于中國 浙江 省 [illegible] 縣 [illegible]	
3	生年：生于西曆 1899 年 月 日	
4	性別 男	

5 家庭地位

人別	名字	年歲	存故否	教育程度	職業	財產及收入
父	[illegible]	47	存		教育界	[illegible]
母			[illegible]			
妻夫	/	/	/			
子女	/					

家庭人口數：11人　家庭經濟地位

6 教育程度：

入學年歲	入學年份	學校名稱及地點	所習何科(專門或大學)	學校性質(私立、公立、國立、外人立)	出校年份	卒業否
9	1908	[illegible]	/	[illegible]	1910	未
12	1911	[illegible]		私	1912	卒業
13	1912	臨浦 高等小学	/	[illegible]	1915	卒業
17	1916	杭州 第一師范学校	教育	[illegible]	1919	未
21	1920	北京 北京大学	哲学	[illegible]	1920	未
22	1921	莫斯科 [illegible]	社会科学	[illegible]	1922	未
/	/	/	/	/	/	/

7 個人經濟地位

從幾歲至幾歲	何種用費	由何人供給(家庭、公家、國家、私人、自給)	從幾歲至幾歲	何種用費	由何人供給(家庭、公家、國家、私人、自給)
1—20	[illegible]	家庭	/	/	/
20--26	[illegible]	自給			

至今进行过何种党务或工会工作：[1]

是中国共产党和中国共产主义青年团的创始人之一。1920 年任上海党团组织书记，同时为机关刊物“上海劳动者”编辑。1921 年作为中共和中国共青团代表出席共产国际三大和青年共产国际二大。1922 年为中国共青团中央书记，杭州团组织的组织者。1924 年为国民党省执委中的共产党派书记，党组织书记。1925 年上海党组织委员。1925 年底党派我赴莫斯科学习。中国劳动者大学联共（布）支部的委员。1926—1927 年东方劳动者共产主义大学国民党支部局主席。

[1] 原件系俄文，存俄罗斯现代文献保管与研究中心，全宗号 495。

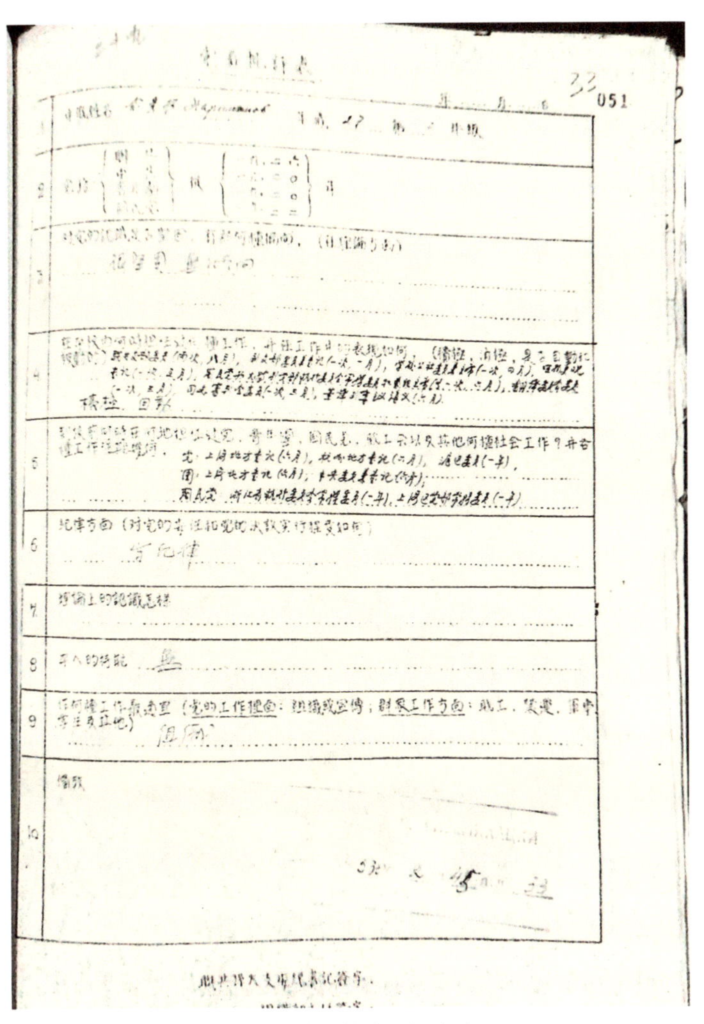

俞秀松填写的党员调查表

自传：[1]

十月革命唤醒了中国人民。在我读中学时，曾和其他同志一起成立过一些研究马克思主义的组织。1920 年我进了一家工厂，目的是为了在工人中间进行宣传，并组织了一系列工会。同年，我和其他同志一起创建了中国共产党。从此我在党的组织里工作。1921 年我受党的委派作为党的代表到莫斯科参加共产国际第三次代表大会和青年共产国际第二次代表大会。后回到中国，在党的组织和共青团中央工作。1924 年 12 月党派我到中国劳动者共产主义大学学习，后来又到列宁学院学习。

[1] 原件系俄文，存俄罗斯现代文献保管与研究中心，全宗号 495。1924 年应为 1925 年。

1931 年 9 月，俞秀松在莫斯科寓所学习

1932 年夏，俞秀松在莫斯科

托爾斯泰
L. Tolstoy.
愛即眞理，人必勞動.
私產萬惡，政府萬惡.

蘇菲亞
P. Sophia.
炸彈！ 血鐘！

俞秀松收藏的世界名人卡片

莫斯科工会大厦，共产国际有许多会议在此召开

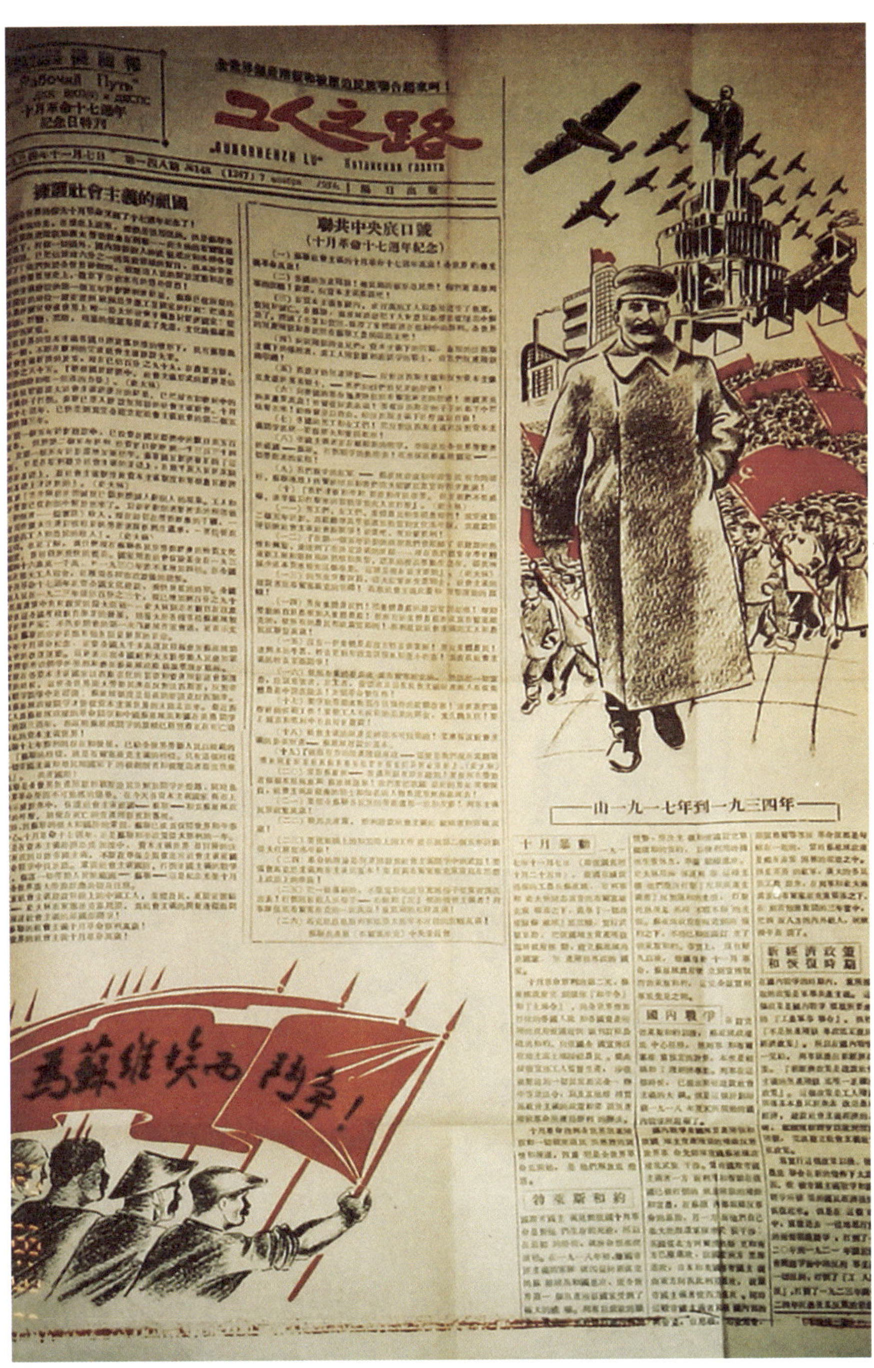

"Рабочий Путь"
十月革命十七週年
紀念日特刊

工人之路

鞏固社會主義的祖國

聯共中央底口號
（十月革命十七週年紀念）

—由一九一七年到一九三四年—

十月暴動

國內戰爭

新經濟政策和恢復時期

伯力《工人之路》报，俞秀松任副主编

俞秀松在苏联工作学习的照片之一

俞秀松在苏联工作学习的照片之二

俞秀松在苏联工作学习的照片之三

俞秀松在苏联工作学习的照片之四

俞秀松在苏联工作学习的照片之五

俞秀松在苏联工作学习的照片之六

党派我到苏联，到中国劳动者共产主义大学。在那里学了两年，但工作多于学习。我性格刚烈。但在中大在所有的问题上我都积极参加了。我积极反对不正确的学说。我在中大时与托洛茨基集团进行了斗争，当时许多同学还在动摇。为此，我同一些同学的关系搞坏了，因为我批评了他们。他们毫无根据地认为我是反革命、独裁者，认为我们的同乡会是反革命组织。中央监察委员会就这个问题作出过决议，对这个决议，我是同意的，但对现在那种虚假的、毫无根据的指控我拒绝接受。[1]（《俞秀松清党材料摘录》）

[1] 原件系俄文，存俄罗斯现代文献保管与研究中心，全宗号 495，目录号 225，卷宗号 3001。

女子月刊第二卷第十一期目次

中華民國二十三年十一月一日
上海霞飛路五二三號女子書店發行

社會婦女

學校婦女

家庭婦女

少女園地

中國婦女運動的前途

秀松

我們歸納目前世界上對於婦女的問題，有兩種不同的理論：（一）婦女深入社會中去。（二）婦女回到家庭去。在這錯綜複雜，得不到正確真理的時候，正是光明裏帶着了黑暗。不過我敢相信，一種理論的出現和存在，是一定有牠存在的價值，和存在的事實。我們中國的婦女們，在幾千年封建勢力壓迫中，用盡「力量，呼喊到解放的時期，那麼我們求得了解放，究竟往那一條路走呢？！深入社會麽？是還回到家庭去麽？這是値得我們研究的事實。在我們解放的宗旨上，我們的目的，是在解脫既往的封建勢力的壓迫，而求得婦女本身獨立的自由，經國家的法律明文規定和認可，而同男子站在同一的平等地位，享受男子所應享的一切權利和義務，這是很明白的告訴我們，今日的婦女是應站在同一的水平綫上，享受應有的權利，而担負盡應的義務。

不過，今天在這三種不同的理論上，我們中國一切處在惡劣的環境裏，我們的婦女界，是往那一條路上走呢？假如是回到家裏去，做個單純的妻和母，那又何必在初先用了血汗和苦心，作解放的吶喊呢？那還不如永久的處在被壓迫的地位，來得痛快些。我想大多數的婦女們一定是這樣想。但是我們要知道，一種作爲，決不是單純，也決不是偶然的，今天我們造成的解放，是什麽用意？我想這是各人本身，應當自己會明瞭的，我們今天企圖的解放，是要打破一切的被壓迫的事實，而超脫被壓迫的環境，造成婦女們應有的權益，而與一般男子平等，共同獨立自由生存，而受國家法律的保護，決不是在男子操縱之下，苟且偸安的生活着。但是我們要反省一下，我們今日吶喊的收獲是什麽？我敢說都不過是冠冕堂皇的假面具而已！我爲什麽在這婦女運動熱烈澎湃的時候，說出一句話來呢？就是事實告訴我們，因爲解放運動的太急促，沒有先期的具體準備，而收獲解放的成功。以致今日的事實，放在我們眼前的，都是些矛盾的現狀。一面是在奮鬥，一面是在自暴自棄。一面是在享受男

俞秀松在《女子月刊》1934 年第二卷第十一期发表《中国妇女运动的前途》

6

新疆岁月

1935 年 6 月，联共（布）中央委派以俞秀松为组长的 25 人到新疆工作，帮助盛世才治理新疆。

俞秀松化名王寿成，在新疆开展了一系列工作：系统地宣传革命理论；改组新疆民众反帝联合会，将其宗旨确定为“全疆各族各界民众自动的群众的政治组织”；制定“六大政策”；开展马克思主义民族观教育；发展文化教育事业，培养人才，并积极开展抗日救亡运动。新疆民众反帝联合会将募得的钱款购买了 17 架“新疆”号飞机和 5 万匹军马直接运送到抗日前线，成为支持抗战的重要力量之一。

1937 年 4 月，中国工农红军西路军 400 多人进入新疆星星峡，俞秀松积极做好迎接和安置工作。

俞秀松在新疆工作期间，先后担任新疆民众反帝联合会秘书长兼新疆学院院长、省立一中校长、《反帝战线》主编等职。在这里，他还找到了志同道合的爱人，1936 年 7 月 28 日，他与盛世同（后改名安志洁）结婚，开始了他幸福甜蜜的婚姻生活。

就在新疆的各项工作逐步开展之时，苏联的肃反运动却被无限扩大。1937 年，王明、康生从苏联回延安，途经新疆，他们诬陷俞秀松等人为“托派”。同年 12 月，俞秀松遭到逮捕。在狱中，他以坚强的意志面对这飞来横祸，他给盛世才写了申诉书，但盛世才没有回应。

1938 年 6 月 25 日，俞秀松、万献廷等人被一架苏制军用飞机押送至苏联。1939 年 2 月 21 日晚，俞秀松等人在莫斯科克格勃总部前的捷尔任斯基广场被冤杀，年仅 40 岁。其骨灰与同时遇害者合葬于莫斯科郊外的顿河墓地。

政府目前主要任務
兼現代社會學講師
王壽成先生

俞秀松在新疆工作期间的名片

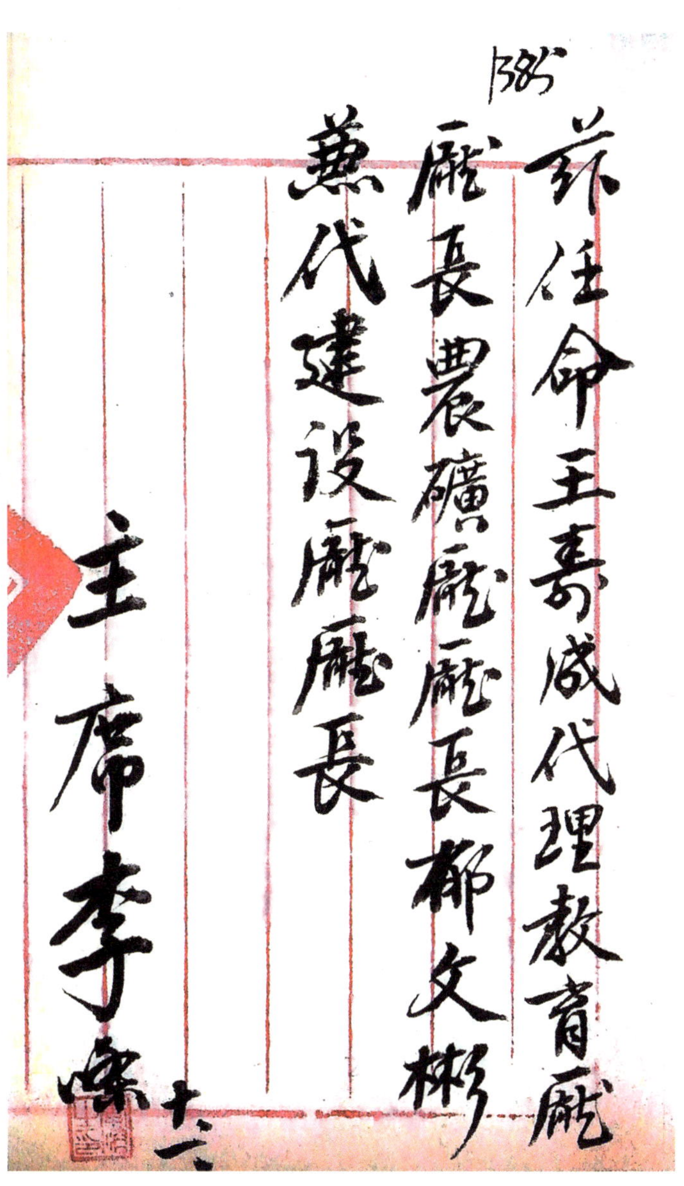
1385
茲任命王壽成代理教育廳
廳長農礦廳廳長都文彬
兼代建設廳廳長
主席李溶 十六

新疆省主席签署的俞秀松代理教育厅厅长、农矿厅厅长任命书，但俞秀松拒任，说：“我要是想做官，我早已回到浙江当教育厅长了。”

日再預飭遵仰即知照并請督署查照等因奉此竊查職會前奉

鈞府訓令已於九月二十四日函達昌吉縣長劉佛吾并附去職會擬定

之外縣政治訓練班章程一份茲再檢政治訓練班章程隨函寄與外理合具

文呈復

鈞府鑒核實為公便謹呈

新疆省政府主席 李 和

新疆民衆反帝聯合會秘書長王壽成

為呈復事竊奉

鈞府令開為令催事案折昌吉縣長劉佛吾代電稱迪化威督辦李主席

鈞鑒竊查職為擴大宣傳政府六大政策並使其基礎在昌吉鞏固起見

前已具呈請求在屬縣設立六大政策研究班由職担任講授一案迄今月餘

猶未飭示下縣現在屬縣上層份急欲了解六大政策之情緒雖甚熱烈

而要求亦頗迫切但職以未奉明令未便驟定如所請開始設立究竟可否

之處理合再電陳明謹祈鑒示飭遵昌吉縣長劉佛吾未十二日叩印等情

據此除代電迪化威督辦勛鑒昌吉縣劉縣長照劉縣長九月十二日代電悉

查此案前據該縣長呈報到府當於七月二十四日代電飭知并令行反帝總

會核辦具覆飭遵各在案茲據前情候再令催該會從速核辦具覆俟至

王寿成（俞秀松）担任新疆民众反帝联合会秘书长时，呈送新疆省政府主席的报告

新疆民众反帝联合会旧址

1939年《反帝战线》五周年纪念专号封面。《反帝战线》是新疆民众反帝联合会主办的杂志，俞秀松担任该刊的主编

俞秀松到新疆后，与盛世才的妹妹盛世同（1915—2005，后改名安志洁）相识相恋。1936 年 7 月 28 日，两人在迪化（今乌鲁木齐）举行了婚礼

1936年8月23日，俞秀松和盛世同在新疆“反帝会”宿舍前的合影

他多次的叙述，使我听得入了迷。对共产党和他本人才有了深刻的印象。再者，他对待工作的充沛干劲和渊博的学识，使我对他由钦佩而产生了感情。他一再表示：“我是共产党员，马列主义的信徒。我要找的是志同道合、思想进步的伴侣，并不是因为你是督办的妹妹。我一定为你自立创造条件。”就这样，1936年夏，经过斯大林同志的批准，我们结了婚。婚前斯大林同志交苏驻新疆领事阿布列索夫和秘书安铁列夫送来一箱衣物表示祝贺。结婚那天，苏联领事馆全体同志都来参加婚礼，秀松用俄语介绍了我们恋爱的经过。苏联把我们结婚的情景和新疆的建设、习俗等拍成电影（我原保存一部，后被烧毁），曾在莫斯科、迪化等地放映过。在我们结婚一周年时，斯大林同志又送来一件富有纪念意义的礼物——照相机，这架照相机已于1982年捐献给中国革命博物馆了。（安志洁《忆秀松》）

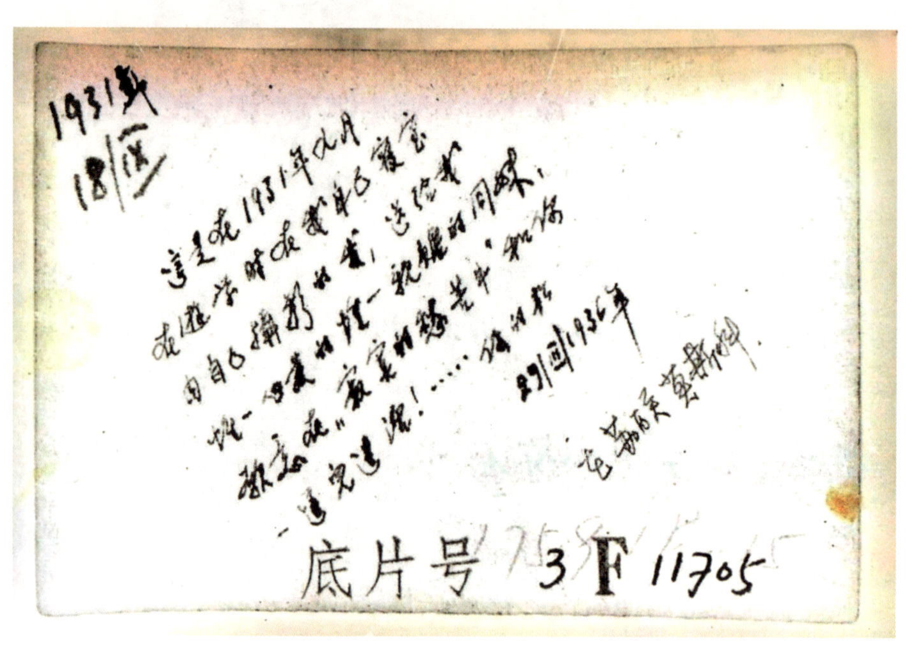

1936 年俞秀松在一幅赠予盛世同的照片背后所写的文字

“这是在 1931 年九月在游学时在我自己寝室内自己摄影的我，送给我惟一心爱的惟一亲□的同妹，愿意在‘寂寞的愁苦中’和你一道儿过活！……你的松

1936 年”

俞秀松送给安志洁的结婚礼物

斯大林送给俞秀松、安志洁的结婚礼物——富有俄罗斯风格的金属艺术匾，中间刻有俄罗斯神话“尼基塔杀怪蛇救美”的故事，四角图案则为莫斯科名胜

斯大林为俞秀松、安志洁结婚一周年赠送的照相机

1937 年 5 月，俞秀松（右 3）、安志洁（左 3）与新疆民众反帝联合会成员刘贤臣（左 1）、王秀英（左 2）、陈玉英（右 2）、张义吾（右 1）在迪化（今乌鲁木齐）郊区老满城过组织生活

1937 年，俞秀松（左 1）与刘贤臣（中）、张义吾（右 1）在新疆“反帝会”宿舍前的合影

1936 年，俞秀松（右 1）和安志洁（左 2），在新疆“反帝会”宿舍前和从苏联回国的同志陈玉英（右 2）、刘贤臣（左 1）、王秀英（中）

1936 年 4 月，俞秀松在新疆

1937 年 5 月 30 日，俞秀松在新疆迪化（今乌鲁木齐）水磨沟的留影

1937 年 10 月，俞秀松在新疆家中的留影

俞秀松在新疆工作期间的照片之一

俞秀松在新疆工作期间的照片之二

俞秀松在新疆工作期间的照片之三

俞秀松在新疆工作期间的照片之四

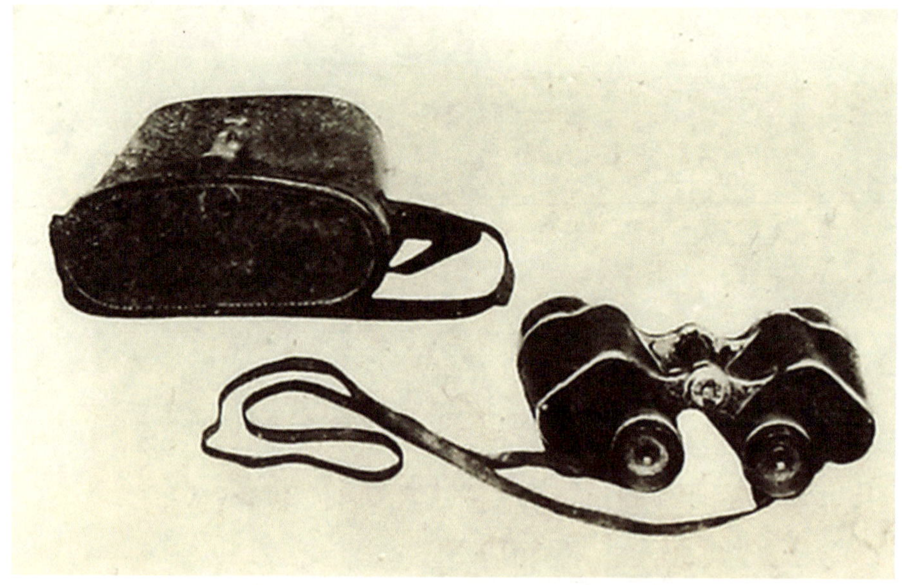

1935 年 6 月，俞秀松从苏联带到新疆的望远镜

俞秀松在新疆用过的照相机

俞秀松曾经用过的日俄词典

俞秀松曾经用过的笔架

俞秀松曾经用过的手套

俞秀松曾经用过的眼镜

俞秀松用过的笔筒

俞秀松的外套

俞秀松送给妻子的手袋

俞秀松和安志洁在新疆时用过的刀叉

囚民过去在国外时，在中国同人中，曾有少数个别野心家、小组织者、托洛茨基派者，曾利用当时中国大革命失败之机，造出绝对无根据无原则而且非常卑鄙龌龊之谣言，对囚民作私人无原则之攻击，宣传囚民系托派与所谓“江浙同乡会”领导者。关于此问题，曾经最高相当机关之详细调查，正确解决，并有明文之决议案可稽。虽此辈少数个别野心家、无原则之小组织者，一再企图旧案重提，以冀达到其诬陷囚民之目的，但皆经国外最高相当机关之驳斥，盖国外最高相当机关固深知

1938年3月，俞秀松在狱中给盛世才写的申诉书

囚民在最近十余年来，与托派曾作坚决无情之斗争，而所谓“江浙同乡会”者，更与囚民毫无关系者也。

夫囚民微贱之个人，身体上、名誉上、精神上之苦痛，固不足惜，当今日寇猖獗，国难当头之际，而囚民承蒙此不明不白之冤屈，不能为国效力，实深悲痛。（1938年3月10日，俞秀松《申诉书》）

第十三期　　解放　　12

剷除日寇偵探民族公敵的托洛茨基匪徒（續）

康生

三　中國托洛茨基匪徒爲日寇偵探服務、出賣國家民族的漢奸面目

如果托洛茨基匪徒僅僅是只有一個爲法西斯蒂效勞的綱領，沒有實際的去勾結敵探，出賣國家民族，沒有實際的進行軍事破壞和暗殺的罪惡，那他們還可以用偵探慣技來加以否認。可是不幸得很，他們的實際的罪惡行動要比他們的綱領還要駭人聽聞。

大家知道，托洛茨基匪首給他在中國的徒子徒孫們的指令是：幫助日本侵略中國。這些中國的托洛茨基匪徒們渡去破壞紅軍，汚蔑紅軍爲「土匪」，反對中國工人階級的政黨——中國共產黨——種種的罪惡，罄竹難書。現在只從一九三一年九一八事變後幾個主要的事件上，看看他們到底幫助日寇侵略中國作了些什麼？

一九三一年，「九一八」事變，日本帝國主義佔領了我們的東三省，同時，上海的日本偵探機關，經過親日派唐有壬的介紹，與由陳獨秀、彭述之、羅漢等所組織的托匪「中央」進行了共同合作的談判。當時唐有壬代表日本偵探機關，陳獨秀、羅漢代表托匪的組織。談判的結果是：托洛茨基匪徒「不阻礙日本侵略中國」，而日本給陳獨秀的「托匪中央」每月三百元的津貼，待有成效時再增加之。這一賣國的條約確定了，日本津貼由陳獨秀托匪中央的組織部長羅漢領取了，於是中國的托匪和托洛茨基匪首，在日寇的指示下在各方面扮演着不同的角色，就大唱其幫助日本侵略中國的雙簧戲。

當時陳獨秀等托匪說，日本佔領東三省並不是爲了侵略中國的領土，而是爲了解決東省懸案問題。這一方面掩護日寇滅亡中國的陰謀，而同時[illegible]於九一八事變後發表在其「日本的侵略中國與蘇聯」的一文上加緊挑撥日寇進攻蘇聯的戰爭，且同時又爲日寇進攻蘇聯辯護說：「從遠東方面所加之蘇聯存在的危險，直接的或尖銳的威脅，無論如何是沒有的。」（見托匪機關報「鬥爭」第六期）這另一方面，又爲日寇準備進攻蘇聯的陰謀作掩護。同時，托洛茨基匪徒，當日寇開始了向中國人民進攻之時，不去破壞日本的進攻，而去破壞中國的各種反日的團體，不去反對中國人民的公敵——日本帝國主義，而去專門反對反日最堅決的紅軍和中國共產黨，這便是九一八後他們幫助日寇的鐵的事實。

一九三二年——當時中國最主要的事件是上海戰爭。十九路軍和上海的工人、市民爲了保衛上海英勇抗日。但是托洛茨基匪徒，無論是在中國的陳獨秀的「托匪中央」，無論是在蘇聯的中國托洛茨基匪徒、日寇的奸細、陳獨秀最好的幹部周達文、俞秀松、董亦湘等都一口同聲的說：上海戰爭並不是民族革命戰爭，而是帝國主義與帝國主義的戰爭。當時托匪破壞上海戰爭、破壞反日罷工的事實，乃是盡人皆知的，每個上海和滬西的工友不會忘記托匪李文彪、寇靜曾用一切方法破壞滬西的大罷工，甚至勾結偵探，要用綁票的手段來綁架領導罷工的楊菁坤同志。

一九三三年——當時中國最主要的事件是：馮玉祥先生和中國共產黨黨員吉鴻昌同志在察北抗日。可是托洛茨基匪徒張慕陶假借共產黨的名義去破壞察北抗戰，甚至無恥的提出「聯日反蔣」的口號，以至勾結偵探，向偵探告密，將英勇抗日的共產黨黨員吉鴻昌同志逮捕槍斃。

一九三四年——當福建事變時，十九路軍舉起了反日的旗幟，聯合共產黨紅軍一致抗日，但是日寇偵探張慕陶、杜畏之等匪徒急急的打入福建去，提出極左的口號，使福建政府與人民對立，挑撥十九路軍內部的團結，破壞十九路軍的抗日行動，都是受着日本偵探機關的指示。

康生诬陷陈独秀、俞秀松的文章，刊登于《解放》1938 年第 13 期

1925 年 10 月，俞秀松第二次赴苏联，开始长达 10 年的异域学习和工作的生涯，期间历经坎坷。1935 年 6 月后，受共产国际派遣，回到新疆开展工作。却被假道新疆回国的王明、康生等人诬指为“托派”。俞秀松因此被捕，最后在异国被冤杀。

莫斯科克格勃总部前的捷尔任斯基广场，1939 年 2 月 21 日俞秀松在此被杀害

莫斯科郊外的顿河墓地，俞秀松烈士长眠之处。俞秀松亲属于 1998 年 10 月在此设立墓碑

2018 年 10 月，俞敏在莫斯科顿河墓地俞秀松墓前

7

秀松长青

1961 年 12 月，中共上海市委组织部对俞秀松予以初步平反："王寿成（俞秀松在新疆的化名）早年参加革命，工作一贯积极，对共产主义、对中国共产党有一定的贡献……应承认其为烈士。" 这标志着俞秀松在共产党内、共青团内的地位得以恢复。

1962 年 5 月 15 日，为表彰俞秀松对革命事业的功绩，中央人民政府向其家属颁发了由毛泽东主席签署的《革命牺牲工作人员家属光荣纪念证》。

1983 年 8 月，《人民日报》《中国青年报》先后刊登中国社会科学院研究员、党史研究专家罗征敬的纪念文章，高度评价俞秀松烈士在建党、建团、推动革命事业发展方面所作出的卓越贡献。

1989 年，中共诸暨县委、县人民政府为纪念俞秀松诞辰 90 周年，在他的故乡溪埭村修建了烈士纪念碑。

1996 年 8 月 29 日，俄罗斯军事检察院正式作出了为俞秀松恢复名誉的决定，并寄达了《平反证明书》。至此，这件长达半个多世纪的冤案才得以彻底澄清。

为了缅怀和纪念俞秀松烈士光辉的一生，1999 年，俞秀松烈士诞辰 100 周年之际，中共诸暨市委、市人民政府修缮了俞秀松故居，并在原来烈士纪念碑的基础上修建了俞秀松烈士陵园。

2017 年 5 月 3 日，共青团广州市委员会、中共广州市委党史研究室等联合在广州农讲所纪念馆举办"秀松长青——革命先驱俞秀松生平展"。2017 年 7 月 28 日，"秀松长青"俞秀松烈士生平展在上海市青少年活动中心开幕。

2019 年是俞秀松烈士诞辰 120 周年。1 月，上海市中共党史学会与华东师范大学成立了俞秀松研究中心。5 月，中共四大纪念馆与中共上海市委党史研究室、上海市中共党史学会等共同举办了"俞秀松生平史料展"。6 月，中共上海市委党史研究室、共青团上海市委、上海市中共党史学会、俞秀松研究中心将共同举办"俞秀松与中国近代革命"国际学术研讨会。

革命犧牲工作人員家屬光榮紀念證

上海字第〇〇一六〇號

查 俞秀松 同志在革命鬥爭中光榮犧牲，豐功偉蹟永垂不朽，其家屬當受社會上之尊崇。除依中央人民政府「革命工作人員傷亡褒卹暫行條例」發給其家屬卹金外，幷發給此證以資紀念。

永垂不朽

主席 毛泽东

一九六二年五月十五日

中華人民共和國中央人民政府之印

1962 年 5 月 15 日，毛泽东签署的《革命牺牲工作人员家属光荣纪念证》

人民日报
RENMIN RIBAO

1983年8月
14
星期日
癸亥年七月初六

中国纺织职工思想政治工作研究会部分常务理事讨论确定

深入学习《邓小平文选》解决纺织行业重点问题

本报讯　记者吴复民报道：中国纺织职工思想政治工作研究会最近在上海召开部分常务理事会，研究如何联系纺织行业实际深入学习《邓小平文选》。会议认为，中央在关于全党学习《邓小平文选》的通知中提出的在今行业、重点工厂的技术改造；基本建设和技术改造都要围绕开发品种、提高质量、提高加工深度进行，主要搞化纤——纺织——染整“一条龙”的填平补齐、补缺配套，而不是在盲目地低水平地扩大产量上兜圈子。

化管理知识，实行管理程序化、制度化和目标管理、矩阵管理、网络计划。为了保证宏观决策的正确，他们已经在全国各地建立了110个信息联系点，组织信息反馈，供部党组制订宏观决策时参考。

三是学习邓小平同志关于坚持同时进行物质文明建设和精神文明建设的指示，针对纺织工人劳动强度较高、劳动条件较差的特点，在职工中集中进行革命传统教育和历史使命教育，增强纺织工人的自豪感和责任感。同时要联系纺织工业正在实现的从发展数量到大抓品种、质量的转变，教育职工树立为人民、为市场的观点。

共产主义事业的开拓者——俞秀松烈士

罗征敬

俞秀松烈士是中国共产党上海发起组的成员之一。1920年8月上海社会主义青年团诞生时，他担任书记，但后来却遭到王明、康生诬害致死，至今已四十五年多了。

俞秀松，又名寿松，字柏青，在苏联学习和工作时，名“纳利马诺夫”。在新疆工作时，曾化名王寿成。1899年6月出生在浙江省诸暨县溪埭村。1908年入本村行余小学。1916年考入浙江省立第一师范学校。1919年参加五四运动，接受进步思想，领导杭州的学生运动。五四运动后，为了进一步宣传反帝爱国的思想，俞秀松和宣中华等人发起，出版《双十》周刊，后改名《浙江新潮》。

俞秀松在《浙江新潮》的发刊词中，提出了一个社会改造的纲领，指出改造社会的责任要落到劳动阶级身上。这份刊物，发行的范围很广。第二期上，刊登了一篇施存统写的题为《非孝》的著名文章，轰动全国。北洋军阀慌忙连下禁令，取缔《浙江新潮》。俞秀松、施存统等人，不能再在学校继续读书，遂于1919年底赴北京。1920年1月10日加入北京工读互助团第一组，开始了工读生活。

俞秀松在工读互助团里，参加抄印讲义、石刻印刷和制作粉笔等工作，同时在北京大学第一院哲学系，旁听胡适之等人的课。但是，时间不过三个月，工读互助团便宣告失败。俞秀松毅然南下，投身到“资本家底下的工厂”去。经过严酷的现实生活的教育，1920年3月，俞秀松果断地正式宣告：“我此后不想做个学问家（这是我本来的志愿），情愿做个‘拳世噪骂’的革命家！”

俞秀松回到上海，“改名换服”，到虹口区的厚生铁工厂当了工人。这是他实践自己提出的“打破知识阶级的观念”，“投身到劳动界”中去的诺言。从此，他较自觉地接受马克思主义，走上了真正与劳动人民相结合的道路。在那里，他与工人朝夕相处，深深体会工人阶级受剥削、受压迫的境遇。在这期间，俞秀松和陈望道一起参加了马克思主义研究会的工作。1920年8月，中国共产党上海发起组主办的《劳动界》创刊，俞秀松参加了编辑工作。在9月出版的《劳动界》第4期和第7期上，刊载“本社特别启事”，内容为商讨出版《上海店员周刊》一事，署名为“秀松、汉俊、独秀”。俞秀松所在的厚生铁工厂并与恒丰纱厂等单位共同发起成立“上海机器工会”，12月发起成立“印刷工会”，目的是将广大的机器工人和印刷工人组织起来。俞秀松通过办《劳动界》、《店员周刊》等刊物，用通俗易懂的文字将马克思主义的基本观点，结合中国工人阶级的生活状况和斗争实际，向工人群众进行马克思主义的启蒙教育。

1920年夏，俞秀松参加了中国共产党上海发起组。当共产国际的代表维金斯基，由杨明斋陪同来到中国时，俞秀松曾给维金斯基当过一段助手。1920年8月，上海社会主义青年团诞生，陈独秀派他担任书记。据俞秀松的家人回忆，在“文化大革命”前，曾见过俞秀松的日记和他亲笔起草的社会主义青年团的章程，后面附有十多名团员的名单。日记中还记述了陈望道翻译的《共产党宣言》，本应由德文本进行校译，但当时找不到德文本，结果便用英文及日文本进行校译。而这份译稿，是由俞秀松亲自交给陈独秀的。可惜这些珍贵文物经过十年浩劫，已经荡然无存了。

社会主义青年团建立之后，上海党的发起组为了掩护青年团进行革命活动和培养留苏学生，于1920年9月，办了一所“外国语学社”。这个学社由杨明斋负责，同时教授俄语。俞秀松担任学社的秘书，具体管理学校的行政事务，同时在校攻读俄文。

1921年3月，俞秀松受少共国际的邀请，前往苏联出席少共国际在莫斯科召开的第二次代表大会。

1922年4月，俞秀松回国后，首先接受团临时中央局的指示，奔赴杭州建团。

1922年5月5日，俞秀松以上海、杭州团组织的代表身份，出席了在广州召开的中国社会主义青年团全国第一次代表大会。会上，他当选为第一届团中央执行委员。这次大会通过的《中国社会主义青年团纲领》中，指出青年团的现时方针为：在政治方面是“铲除武人政治和国际资本帝国主义的压迫。”1922年7月党的第二次全国代表大会，明确制订出“打倒国际帝国主义”、“打倒军阀”的革命纲领。俞秀松在1922年10月参加孙中山领导的北伐军，讨伐陈炯明叛乱，并担任东路讨贼军总司令部参谋处一等书记。俞秀松表示：“我将要率同我们最神圣最勇敢的赤卫军扫除这般祸国殃民的国贼！”

1925年11月23日，俞秀松到达莫斯科，进入中山大学学习。当时在中山大学学习的中国同志，大部分不懂俄文。苏联党组织为了尽快培养翻译人材，从学生中挑选了俞秀松、董亦湘、刘少文、李培之、庄东晓、王明等十多个能直接用俄语听讲的人，组成一个速成班。他们绝大多数是共产党员，只有王明是刚刚入团的团员。这个班的学习任务很紧，教学方法以自学为主，由主讲教师列出学习提纲，指定必读的参考书，经过讨论，最后由教师做总结。在学习中，王明对联共党史、政治经济学、世界革命史的讨论，一言不发，而对列宁主义课的讨论，则抢先发言。这就不能不引起人们的注意：王明为什么对列宁主义课这样积极？不久，大家才恍然大悟，原来列宁主义课的主讲人是副校长米夫。果然，克劳白夫（王明的俄文名）的表现，深深印在米夫的脑海里。每当列宁主义课小组讨论发生意见分歧时，米夫就指定克劳白夫谈谈自己的看法。在学校的墙报上，署名“绍禹”的文章渐渐多起来了。王明对国内的情况并不了解，在同学中喜欢高谈阔论，夸夸其谈，引起大家的厌恶。俞秀松耐心帮助他，王明反而怀恨在心。后来在米夫的支持下，王明做了中山大学学生公社的主席，很快便入了党。

1927年11月上旬，俞秀松考入列宁学院。俞秀松虽然离开了中山大学，但是王明为了打击俞秀松等同志，竟公然捏造罪名，说他们在中山大学组织了反党的反革命小组织“江浙同乡会”。实际上，周达文是贵州人，只因反对王明，也被打进了“江浙同乡会”。1928年，共产国际监委、联共中央监委和中共中央代表团三方联合组成审查委员会，经过调查，认为没有真凭实据，不存在这种反党集团的事实。

1931年1月中共六届四中全会召开。这时俞秀松等对王明推行一条脱离中国革命实际的左倾机会主义路线，甚为不满，并加以抵制。于是，王明宗派集团便以反对中央领导的罪名，给俞秀松、董亦湘、周达文等人戴上“托派”的帽子。

1933年，俞秀松与周达文、董亦湘等六位同志一起被派到苏联远东伯力工作。1935年6月，联共中央派俞秀松等25人进入新疆。

俞秀松在新疆的两年多时间里，利用《新疆日报》、《反帝战线》等报刊和反帝总会组织宣传党的政策，扩大党的影响。这就不能不引起军阀盛世才的憎恨。1937年12月，王明、康生从苏联回延安，途经新疆。他们借此机会诬陷俞秀松是“托派”。盛世才将他逮捕，并于1938年6月，押往苏联。最后俞秀松在肃反扩大化时被害，享年39岁。

当俞秀松被捕，他的妻子安志洁前去探监时，他勉励妻子说：“坐牢是革命者的家常便饭。要革命就不怕杀头。革命者是杀不完的，为革命献身是光荣的。”1938年6月，俞秀松被强迫押往苏联，当飞机马达隆隆在响，生离死别就在眼前时，俞秀松非常坦然地对妻子说：“你要坚持，不能屈服。相信党，相信我们的革命事业总有一天会胜利的。”

俞秀松的“托派问题”，经过详细调查，已经完全查明是王明、康生的陷害。特别是与俞秀松同时被诬陷为“托派”，又同时被害于苏联的董亦湘同志，早在1959年，由于其妻子的申诉，苏联远东军区军事法院就已予以平反。

解放后，党和人民政府曾于1962年给俞秀松家属颁发了“烈士光荣纪念证”。但由于康生的阻挠，这位对创建中国共产党和中国社会主义青年团有卓越贡献的烈士事迹，不为人所知，甚至连名字也不见党史记载。直到粉碎“四人帮”，党的十一届三中全会以后，恢复了党的实事求是的优良传统，才推翻了加在俞秀松身上的一切不实之词。

俞秀松同志的一生，是为祖国、为人民、为共产主义事业战斗了的一生。俞秀松同志是一颗洁白无瑕的明珠，被埋藏了达四十五年之久。今天我们拭去覆盖在它上面的灰尘，这颗耀人夺目的明珠，将永远在党、团的历史上大放光芒！

1983年8月，《人民日报》刊登的中国社会科学院研究员罗征敬的文章

Исп. вх. №

ГЕНЕРАЛЬНАЯ ПРОКУРАТУРА
РОССИЙСКОЙ ФЕДЕРАЦИИ

ГЛАВНАЯ
ВОЕННАЯ ПРОКУРАТУРА

„29" августа 1996 г.

№ 5ур-1288-96

103160, Москва, К-160

При ответе ссылайтесь на наш номер и дату

СПРАВКА
/о реабилитации/

Выдана в том, что гражданин Китая ВАН-ШОУ-ЧЕН, он же НАРИМАНОВ, он же ЮЙ-СУ-СУН, родившийся в провинции Чже-Цзян (Китай) в 1899 году, гражданин Китая, по национальности китаец, проживающий до ареста в г. Урумчи Западного Китая, до ареста ректор Синь-Цзянского университета и первой гимназии, Главный секретарь Антиимпериалистического Союза, заместитель начальника политотдела при штабе Дубая и преподаватель, необоснованно арестован 10 декабря 1937 года органами НКВД СССР и осужден 21 февраля 1939 года Военной коллегией Верховного Суда Союза ССР по ст.ст. 58-6, 58-8 и 58-11 УК РСФСР к высшей мере уголовного наказания-расстрелу с конфискацией имущества.

Приговор приведен в исполнение 21 февраля 1939 года в г. Москве.

В соответствии со ст. 3 Закона РФ "О реабилитации жертв политических репрессий" от 18 октября 1991 года ВАН-ШОУ-ЧЕН, он же НАРИМАНОВ, он же ЮЙ-СУ-СУН полностью реабилитирован.

Сведений о месте захоронения Ван-Шоу-Чена в деле не имеется.

Начальник отдела реабилитации
Главной военной прокуратуры Л.П. КОПАЛИН

我和俞秀松的交往较深。二十年代初，我们在上海就有所了解。他是中国共产党上海发起组的成员之一。在建党初期，他是很活跃的，经常在沪杭一带活动。陈独秀认为他在当时一些人中，年龄较小，最适合做团的工作，于是推选他当了团的书记。一九二五年，党派他到苏联莫斯科中山大学学习，并转为联共党员。他在苏

（译文）

平反证明书

第5yp－1288－96号

中国公民王寿成（即那利曼诺夫或俞秀松），１８９９年生，中国浙江省人，中国公民，汉族，逮捕前居住在中国西部的乌鲁木齐市，曾任新疆学院院长兼第一中学校长、反帝联合会秘书长、督办公署政治处副处长兼教官，１９３７年１２月１０日被苏联内务人民委员会部门无证据逮捕，并于１９３９年２月２１日被苏联最高法院军事法庭根据俄罗斯苏维埃社会主义共和国联邦刑法第５８第条第６、８、１１款判处刑事处罚极刑－－枪决，没收财产。

判决于１９３９年２月２１日在莫斯科市执行。

根据１９９１年１０月１８日颁布的俄罗斯联邦《关于给予在政治大清洗中受害者平反法》第３条，现兹证明，王寿成（即那利曼诺夫或俞秀松）被彻底平反。

在卷宗里没有关于王寿成埋葬地的记录。

军事检察院（印章）　　　　军事检察院平反处处长

Л．П．科帕林（签字）

1996年，俄罗斯军事检察院为俞秀松彻底平反的证明书及译制件

联时，名纳利马诺夫。一九三三年，被联共党派往伯力，担任中文报《工人之路》的副总编。一九三五年，又被联共党派往新疆，担任反帝总会秘书长，做盛世才的统战工作，主编《反帝战线》。他到新疆后化名王寿成；我和他的住处毗邻，来往甚便。（嵇直《我所知道的俞秀松》）

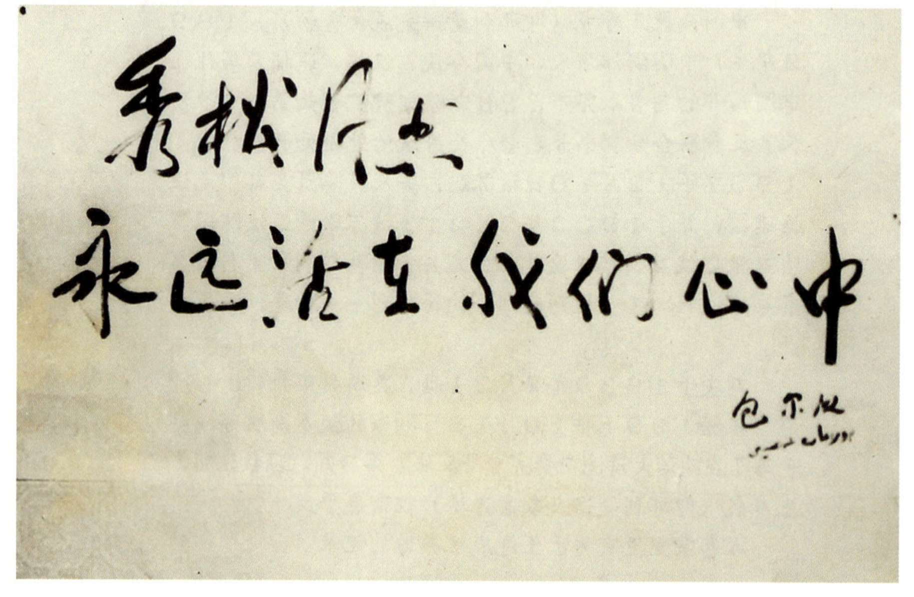

1982 年，包尔汉题写“秀松同志永远活在我们心中”

俞秀松烈士陵園 胡耀邦

1985 年 12 月，时任中共中央总书记胡耀邦题写“俞秀松烈士陵园”

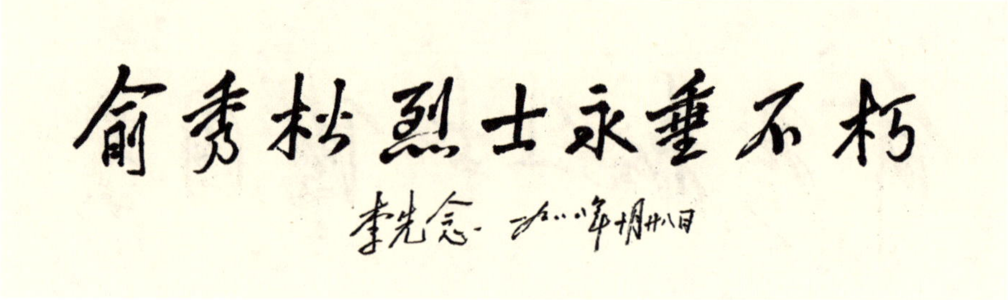

俞秀松烈士永垂不朽

李先念 一九八八年十月廿八日

1988 年 10 月，时任国家主席李先念题写“俞秀松烈士永垂不朽”

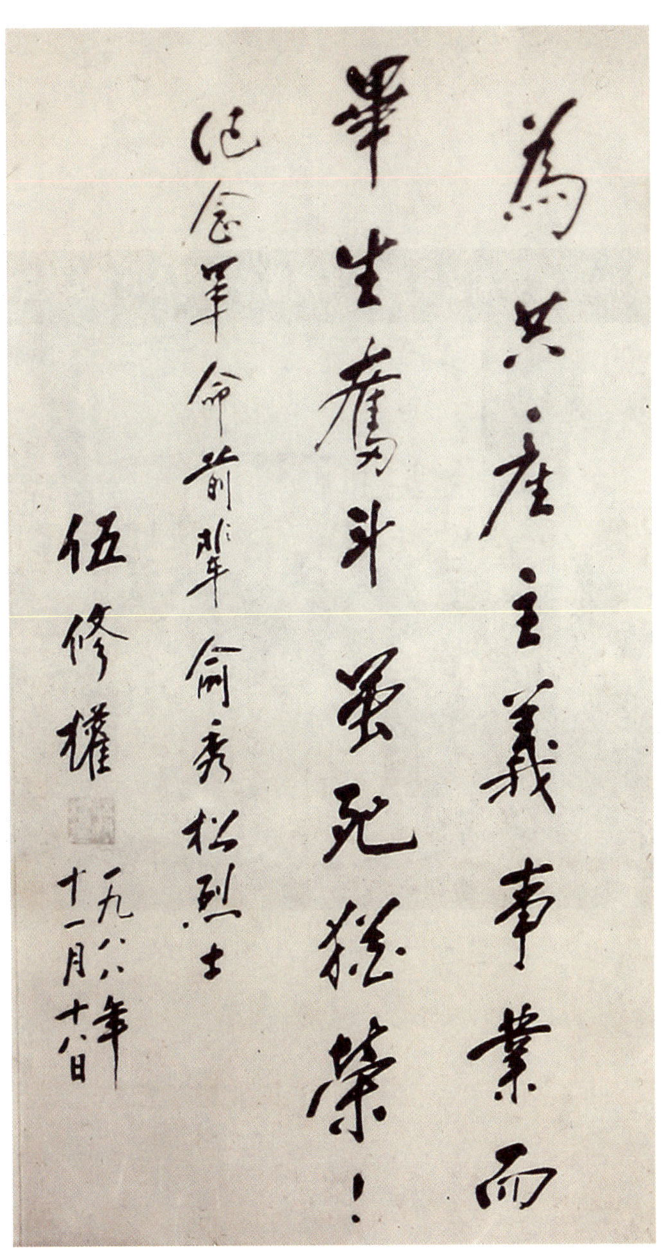

1988 年 11 月，伍修权题写“为共产主义事业而毕生奋斗，虽死犹荣！纪念革命前辈俞秀松烈士”

1988 年，原新疆学院暨第一中学部分学生聚会悼念俞秀松烈士逝世 50 周年

俞秀松亲属在上海家中为他设立的灵堂

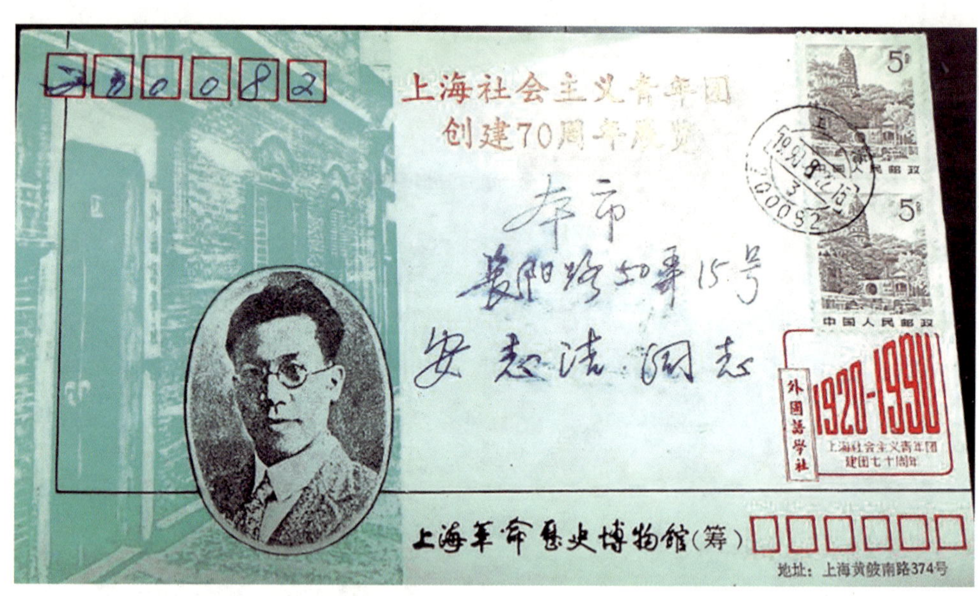

1990年8月22日上海革命历史博物馆（筹）寄给安志洁女士的纪念封

1999 年 7 月 31 日，在俞秀松烈士纪念碑落成典礼上，前排右起第三人为安志洁女士，第四人为浙江省委副书记梁平波

俞秀松烈士陵园记
中国共产主义事业之先驱俞秀松，参与党、团初创，功垂千秋。毛泽东、胡耀邦、李先念诸伟人，或签烈士证，或题陵园名，或嘉永垂不朽。值其百年诞辰，特建陵园，重修纪念碑，整葺故居，辟事迹陈列室。期来者高山景行，继承遗志，弘扬精神，推进现代化建设之大业。是为记。
中国共产党诸暨市委员会
一九九九年七月

诸暨市溪埭村俞秀松烈士陵园

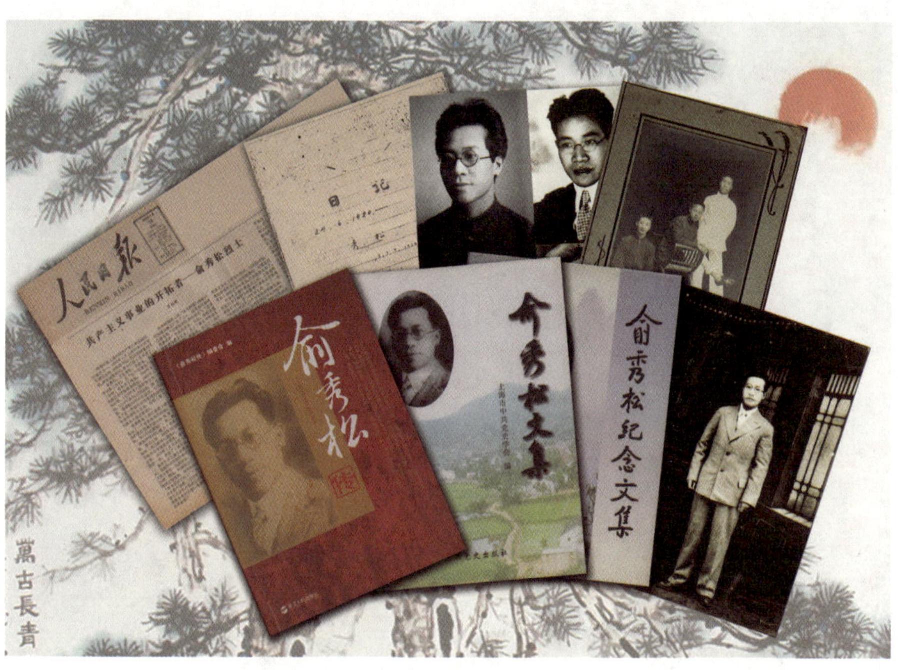

介绍俞秀松事迹的书报资料

诸暨市次坞镇秀松公园

上海福寿园内的俞秀松雕像

次坞镇秀松公园、秀松中学内的俞秀松雕像

次坞镇上的秀松公路

次坞镇秀松中学

2004年4月26日，安志洁女士及其家属参观新落成的中国社会主义青年团中央机关旧址纪念馆

2009 年 7 月 31 日，共青团上海市委书记潘敏在纪念俞秀松诞辰 110 周年学术研讨会暨团中央机关旧址纪念馆开馆五周年活动开幕式上致辞

2019年4月28日，俞秀松生平史料展在中共四大纪念馆开幕，共青团上海市委、中共虹口区委领导出席并参观展览

2019 年 5 月 12 日，上海市中共党史学会组织参观在中共四大纪念馆举办的俞秀松生平史料展

俞秀松故乡将为他建造的陈列馆效果图

左起：俞敏 王炜 王芬祥 朱林森 张晓强 韩彬翔 刘敏

2016年5月5日，“纪念五四运动97周年——缅怀俞秀松烈士活动”在烈士故乡浙江省诸暨市次坞镇溪埭村举行

共青团浙江省委副书记、党组副书记朱林森，绍兴市委常委、诸暨市委书记、市人大常委会主任张晓强，诸暨市委副书记、市长王芬祥，上海市中共党史学会副会长刘敏、俞秀松继子俞敏等人参加纪念活动。同时，主办方还邀请次坞籍在外乡贤、次坞镇党员干部群众代表、俞秀松族亲代表以及诸暨市团干团员青少年代表总计300余人，共同缅怀俞秀松烈士。活动结束后，相关领导在烈士陵园共植“秀松林”。

附录

俞秀松大事记

1899 年

8 月 1 日，俞秀松出生于浙江省诸暨正九都（今次坞镇）溪埭村。谱名寿松。父亲俞韵琴，母亲吕欢朵。

1908 年

9 月，进溪埭村行余初级小学读书。

1911 年

进入墨城坞敬业小学读书。

1912 年

9 月，考入浙江省萧山县临浦高级小学（今杭州市萧山区临浦镇第一小学）读书。

1916 年

9 月，考入浙江省立第一师范学校（今杭州高级中学）读书。

1919 年

5 月 10 日，俞秀松主持杭州各校学生代表会议，会上作出三项决定：第一，成立杭州学生联合会；第二，函请杭州总商会即日起停止出售日货；第三，声援京沪学生。

5 月 12 日，杭州 14 所中等以上学校的 3000 多名学生齐集湖滨公园，召开大会。会后列队游行，一路高呼“外争国权，内惩国贼”的口号。俞秀松与宣中华为游行队伍的领导者与组织者。

5 月 29 日，全市罢课，俞秀松为学生运动领袖。

8 月，由省一中学生查猛济、阮毅成发起，在陈望道、刘大白的指导下，俞秀松、施存统、傅彬然、宣中华、周伯棣、沈端先（夏衍）参与筹办青年进步刊物《双十》周刊。

10 月 10 日，《双十》周刊正式出版。

11 月 1 日，《双十》周刊改名为《浙江新潮》，出版第一期。俞秀松任主编。

11 月，俞秀松主编的《浙江新潮》第二期发表施存统《非孝》一文，引起轩然大波，受到浙江督军、浙江省省长、教育厅长的群起围攻和指责。

11 月中，教育厅长夏敬观责令浙江一师开除施存统、俞秀松；调离校长经亨颐；解聘陈望道、夏丏尊、沈玄庐、刘大白、李次九 5 位教师。在经亨颐的坚持下，“责令”被否决，但《浙江新潮》被停刊。经亨颐向教育厅提出辞职。是为轰动一时的“一师风潮”。

1920 年

1 月 10 日，抵达北京，加入北京工读互助团第一组。同时，在北京大学第一院哲学系旁听。过着“半工半读”的生活。

3 月 26 日，由京返沪，离开了工读互助团。

3 月 27 日，抵达上海，进《星期评论》社工作。

4 月初，俞秀松进了虹口东鸭绿路的上海厚生铁厂。

5 月 1 日，俞秀松参加上海工人第一次纪念国际劳动节大会。厚生铁厂等各业工人 500 余人参加。

5 月，陈独秀、李汉俊等发起组织上海马克思主义研究会，俞秀松为成员之一。

6 月，俞秀松与陈独秀、李汉俊、施存统、陈公培等在环龙路（今南昌路）老渔阳里 2 号创立上海共产党早期组织。

6 月 27 日，陈望道让俞秀松送他翻译的《共产党宣言》文稿到陈独秀家里。次日，俞秀松交给陈独秀。

7 月 10 日，俞秀松与沈玄庐前往萧山考察。

8 月 22 日，受上海共产党早期组织的委托，俞秀松等正式建立上海社会主义青年团，俞秀松任书记。团的发起人还有施存统、沈玄庐、陈望道、李汉俊、叶天底、袁振英、金家凤等。

8 月，俞秀松参加由陈独秀、李汉俊发起创办的《劳动界》周刊、店员周刊《上海伙友》的编辑工作。

9 月，为掩护青年团的活动、输送革命青年到俄国留学，在霞飞路新渔阳里 6 号设立外国语学社。杨明斋任校长，俞秀松任秘书。

10 月，上海机器工会在霞飞路新渔阳里 6 号召开筹备会议，陈独秀、李汉俊、李启汉、俞秀松等列席，并被选举为名誉会员。

1921 年

1 月，上海共产党早期组织成立职工运动委员会，俞秀松任主要负责人。

3 月，在上海成立中国社会主义青年团临时中央执行委员会，俞秀松任书记。

3 月 29 日，俞秀松从上海赴北京，30 日夜抵京。俞秀松作为留俄学生代表赴莫斯科出席少共国际第二次代表大会，并联系青年赴苏学习事宜。出席会议后，俞秀松到东方大学学习。

4 月 1 日，从北京乘车赴奉天。

4 月 6 日，俞秀松一行抵达哈尔滨，住哈尔滨西三道街 4 号中华客栈，等待苏俄接应出境。

6 月 4 日，共产国际执行委员会书记 M · 科别茨基给俞秀松颁发委任状，任命俞秀松为中国社会主义青年团参加青年共产国际代表大会和共产国际第三次代表大会的代表，有效期至 1921 年 7 月 1 日。

6 月 22 日至 7 月 12 日，俞秀松出席共产国际第三次代表大会。

7 月 9 日至 23 日，俞秀松出席青年共产国际第二次代表大会。

8 月，俞秀松进入东方大学第一期中国班，在此学习 4 个月。

1922 年

1 月 21 日至 2 月 2 日，俞秀松在莫斯科出席远东各国共产党及民族革命团体第一次代表大会。

1 月 30 日至 2 月 2 日，俞秀松出席远东青年代表大会。

3 月，俞秀松从苏俄回国，帮助杭州建团。

4 月 15 日，俞秀松给方国昌（施存统，时任青年团临时中央局书记和上海团的负责人）的信中说：“S · Y 事，昨已开筹备会议，与会者只师校三人，安定一人及女同志一人而已。但已接洽赞成者十七八人头。”

4 月 19 日，浙江省第一个青年团组织——社会主义青年团杭州支部（一说杭州社会主义青年团）在杭州皮市巷 3 号正式成立，团员 27 人，俞秀松兼任支部书记。

5 月 5 日，中国社会主义青年团第一次全国代表大会在广州召开，俞秀松当选为团中央执行委员会委员。

6 月 7 日，中国社会主义青年团杭州支部改组为地方执行委员会，俞秀松为筹备委员。

7 月，俞秀松任青年团上海地方兼区执行委员会委员。

9 月，中国社会主义青年团在上海中华职业教育社召开“国际少年日纪念会”，俞秀松主持会议，李大钊、沈雁冰出席并作了演讲。

9 月 2 日，中国社会主义青年团中央执行委员会第十六次会议在上海召开，俞秀松被选为团中央执行委员会书记。

9 月 16 日，上海金银业工人俱乐部成立，俞秀松等人在成立会上发表演说。

10 月，俞秀松“内部指挥”上海金银业 800 余工人发起罢工。

11 月 19 日，俞秀松到达福州许崇智部“东路讨贼军总司令部”，任参谋处一等书记官，担任机要工作。

是年，俞秀松遵照西湖会议精神，以个人身份加入国民党。

1923 年

2 月 2 日，离开福州，10 日，到达泉州，月底前往广东。

下半年，俞秀松到宁波活动，同经亨颐商议在浙江等地筹建国民党组织的问题。

1924 年

3 月 30 日，在杭州钱塘路律师公会成立国民党浙江临时省党部，选举俞秀松、沈定一、宣中华、戴任、沈太素、沈肃文、安体诚、经亨颐、陈廉斋 9 人为临时执行委员，俞秀松任常委，中共党团书记。设临时省党部于杭州荐桥街（今清泰街）严衙弄 7 号。创办机关刊物《浙江周刊》。

5 月，中国社会主义青年团杭州地委依照中央通告再次改组。傅君亮、黄中美、钱高楣、俞晓舫、许志行五人当选为委员；俞秀松、查猛济、宣中华三人被选为候补委员。

5 月，俞秀松在杭州组织 5 月 1 日、5 月 4 日、5 月 9 日的游行，反对军阀政府，在铁路工人中进行宣传。

5 月 31 日，俞秀松到宁波视察团务和国民党党务，商议建立国民党宁波市党部事宜。

6 月 6 日，俞秀松写信向团中央报告了在绍兴、宁波两地开展建团工作的情况。

10 月 6 月，团中央执行委员会任命张伯简、俞秀松为江浙皖区兼上海地方执行委员会候补委员。

11 月 17 日，孙中山北上途经上海，俞秀松组织上海大学学生列队在码头护卫和欢迎，被逮捕，经孙中山交涉后获释。

11 月 26 日，上海各公团国民会议促成会筹备处成立，俞秀松任上海国民会议促成会筹备会主任，负责具体工作。

12 月 15 日，上海国民议会促成会成立，大会选举俞秀松等 21 人为委员。

12 月 25 日，俞秀松主持上海国民会议促成会第二次代表大会。

是年，俞秀松参加上海市民协会、上海反帝国主义大同盟、杭州青年协会、上海日本纱厂职工工人后援会、五卅运动事件后援会，任执行委员会委员。

1925 年

1 月 11 日至 22 日，中国共产党第四次全国代表大会在上海召开，俞秀松出席了中共四大。

1 月 17 日，俞秀松等人起草的《我们所要的国民会议是什么？》小册子出版。

1 月 26 至 30 日，共青团“三大”召开，张太雷当选为书记，俞秀松当选为委员。

1 月 31 日，俞秀松主持召开上海国民会议促成会第三次代表大会。

2 月 3 日，俞秀松主持召开上海国民会议促成临时委员会会议，讨论执行第三次代表大会会议决案。

4 月 30 日，国民党上海执行部召开追悼孙中山逝世大会，俞秀松出席并讲话。

10 月 28 日，俞秀松由上海启程，前往莫斯科。此次前往苏联的中共党员和青年团员共 103 人。中共中央总书记陈独秀给中共旅莫支部发出电报，任命俞秀松任这批留苏学生的带队人、临时支部书记。

11 月 23 日，俞秀松抵达莫斯科，进入中山大学注册，俞秀松的学生证号是 62，俄文名为那利曼诺夫。俞秀松任支委兼组织部书记。

1926 年

1 月，共产国际执委会决定取消中共旅莫支部，成立联共（布）支部局，俞秀松任学生公社（即学生会）主席、党团书记。

11 月 30 日，俞秀松在共产国际执行委员会中国委员会会议上作了题为《论中国革命前途》的报告。

是年，俞秀松任东方劳动者共产主义大学国民党支部局主席。

1927 年

6 月 24 日，在中山大学召开国民党党员大会。俞秀松等人批评国民党党部对于国内政治问题毫不注意，俞秀松明确表示反对提名自己为国民党执行委员，拒绝参加国民党工作。

11 月，王明提出“江浙同乡会”事件，报告中共驻莫斯科代表团，俞秀松被牵涉在内，引发事端。

11 月，俞秀松由中山大学转入列宁学院。

1928 年

5 月 31 日，国际东方书记处致信列宁学院支部局，信中就所谓“江浙同乡会”一事控告俞秀松。后该案转至联共（布）中央监察委员会审理。

7 月 1 日，列宁学院支部局那利曼诺夫专案委员会举行会议，听取俞秀松的意见。

8 月 10 日，联共（布）中央监察委员会党纪事件处理小组就“江浙同乡会”事件做出如下决议：“联共（布）中央监察委员会没有材料可以断定曾存在着已经成形的组织。中央监察委员会认为控告这些同志为反党或反革命是没有根据的。但应当承认，在中国同志中的联共（布）党员和候补党员里面存在各种派别都是有害的，因此，中央监察委员会建议立即取消类似的派别。”

1930 年

是年，中国劳动者共产主义大学里的托洛茨基分子控告，“江浙同乡会”与“托派”有关，在清党会议上，俞秀松对此做了说明。

5 月 22 日，联共（布）中央监察委员会受理上诉的专门委员会第 25 次会议上，做出了“那利曼诺夫是可靠的”决议。
10 月 1 日，俞秀松任中国部二班列宁主义课副教授。

1931 年

4 月 1 日，列宁学院解除俞秀松副教授职务，转入研究生班学习。1932 年 10 月 1 日，研究生班结业。

1932 年

10 月 29 日，俞秀松被派往远东伯力工作。任《工人之路》副总编辑。

1934 年

据记载，俞秀松是年从苏联回国，具体不详（存疑待考）。

1935 年

6 月 14 日，联共（布）中央派遣以俞秀松为组长的 25 人，进入新疆迪化工作。俞秀松化名王寿成。任新疆反帝联合会秘书长、新疆学院院长等职。改组反帝联合会，主办《反帝战线》。成立各民族文化促进会。
9 月，俞秀松任迪化第一中学校长。
11 月，俞秀松与盛世同相识，不久担任盛世同及其侄女的家庭教师。

1936 年

2 月 24 日，俞秀松出席回族文化促进会文化研究会成立大会并讲话。
7 月 28 日，俞秀松与盛世才的小妹盛世同举行婚礼。结婚前斯大林同志交苏驻新疆领事阿布列索夫和秘书安铁列夫送来一箱衣物表示祝贺。结婚当天，苏联领事馆全体同志来参加婚礼。苏联还把结婚的情景和新疆的建设、习俗拍成电影，曾在莫斯科、迪化等地放映。结婚一周年时，斯大林送来一个照相机作为贺礼。
10 月，俞秀松处理盛世才的岳父邱宗浚抢劫伊犁银行事件。邱被撤职查办。
12 月 12 日，“西安事变”发生。俞秀松当日代表新疆反帝联合会发出致张学良将军的通电，并通知新疆日报当晚刊发“号外”，支持张将军的“八项抗日主张”。

1937 年

2 月，俞秀松在全省蒙族代表大会上作《新政府民族政策》报告。

4 月 26 日，俞秀松疏通盛世才，配合接应李先念、程世才、李卓然、李天焕等西路军四百多人从星星峡进疆，顺利到达迪化。

5 月 7 日，李先念等率领西路军抵达迪化。俞秀松领导的新疆反帝联合会参与接待。

5 月，俞秀松的报告《新政府民族政策》，作为反帝总会丛书之一，由《新疆日报》社出版发行。

7 月，卢沟桥事变以后，俞秀松带领新疆反帝联合会会员，通过上街宣传、举办讲习班、专题讲座等多种形式，开展声势巨大的抗日救亡宣传活动，激发了新疆各族人民的抗日热情。在俞秀松的提议下，为支援抗战，反帝会发起大规模的募捐活动，得到新疆各族人民的热烈响应。先后募得巨款，购买了 17 架“新疆”号飞机和 5 万匹军马支援前线抗日。

8 月 20 日，俞秀松出席迪化市民报告大会并讲话。

11 月 14 日，王明、康生从苏联回延安，途经新疆，指认俞秀松等人是托派。

12 月 10 日，俞秀松被盛世才逮捕。

1938 年

6 月 25 日，俞秀松和万献廷等人被押送至苏联。

1939 年

2 月 21 日，俞秀松在莫斯科克格勃总部捷尔任斯基广场被冤杀。葬于莫斯科顿河墓地。

1962 年

党和国家为表彰俞秀松对革命事业的功绩，向其家属颁发了由毛泽东主席亲笔署名的烈士光荣纪念证。

1982 年

原全国政协副主席、全国人大常委会民委副主任委员包尔汉题词：秀松同志永远活在我们心中。

1988 年

11 月 10 日，原全国政协副主席、民革中央主席屈武题词：俞秀松烈士忠贞爱国之精神永存。

11 月 18 日, 中共第八、十一届中央委员、原中央顾问委员会常委伍修权题词: 为共产主义事业而毕生奋斗，虽死犹荣!

1989 年

中共诸暨县委和县政府在家乡修建俞秀松烈士纪念碑，碑上刻有国家领导人李先念的题词：俞秀松烈士永垂不朽。

1994 年

6 月，中共浙江省委党史研究室、绍兴市委、诸暨县委与县政府等联合召开纪念俞秀松诞辰 95 周年大会。

1996 年

8 月 29 日，俄罗斯军事检察院正式作出为俞秀松恢复名誉的决定，并给家属寄送了《平反证明书》。

1998 年

10 月，俞秀松亲属远赴俄罗斯，在顿河俞秀松墓地立碑，碑文“俞秀松烈士 HAPNMAHOB 1899—1939 安志洁及俞敏俞雁立”。

1999 年

7 月 31 日，纪念俞秀松诞辰 100 周年大会在俞秀松家乡浙江诸暨举行。

是年，中共诸暨市委和市政府在原俞秀松烈士纪念碑立碑的地方修建了俞秀松烈士陵园，原中共中央总书记胡耀邦题词：俞秀松烈士陵园。

2002 年

12 月 28 日，位于上海福寿园中的俞秀松塑像落成。

是年，浙江诸暨广播电台等单位联合录制广播剧《俞秀松》。

2009 年

7 月 31 日，中国社会主义青年团中央机关旧址纪念馆举行纪念俞秀松诞辰 110 周年学术研讨会，及“秀松长青——俞秀松生平史料展”。

12 月 23 日，中共诸暨市主办、共青团诸暨市委承办的俞秀松烈士诞辰 110 周年纪念大会在诸暨市次坞镇秀松广场隆重举行。团浙江省委书记周柳军出席大会并讲话，诸暨市委领导、俞秀松烈士亲属代表及各界青年代表 700 余人参加大会。

2010 年

4 月，中国社会主义青年团中央机关旧址纪念馆编纂的《秀柏苍松——俞秀松研究文集》由中共党史出版社出版。

2012 年

5 月 15 日，共青团浙江省委牵头编纂的《俞秀松传》在浙江省人民大会堂举行首发仪式，浙江省委副书记、省长李强，全国政协文史和学习委员会副主任周国富出席。

2018 年

华东师范大学成立俞秀松研究中心。

2019 年

6 月，华东师范大学俞秀松研究中心举办“纪念俞秀松诞辰 120 周年暨俞秀松与近代中国革命学术研讨会”。

（刘雪芹 整理）

主要参考文献

1. 中共浙江省委党史研究室编：《俞秀松纪念文集》，当代中国出版社 1999 年版。
2. 中国社会主义青年团中央机关旧址纪念馆编：《秀柏苍松——俞秀松研究文集》，中共党史出版社 2010 年版。
3. 《俞秀松传》编委会编：《俞秀松传》，浙江人民出版社 2012 年版。
4. 上海市中共党史学会编：《俞秀松文集》，中央党史出版社 2012 年版。
5. 中共中央党史研究室编：《中国共产党历史（1921—1949）》第一卷，中共党史出版社 2002 年版。
6. 上海革命历史博物馆（筹）编：《上海革命史资料与研究》，开明出版社 1992 年版。
7. 上海革命历史博物馆（筹）编：《上海革命史研究资料——纪念建党七十周年》，上海三联书店 1991 年版。
8. 中共上海市党史资料征集委员会主编：《中共上海党史大事记》，知识出版社 1988 年版。
9. 共青团浙江省委青运史资料征集小组编：《浙江省青年运动史研究参考资料·俞秀松烈士专辑》（第二辑），1983 年。
10. 诸暨市政协学习文史委员会编：《秀松长青》（诸暨市文史资料之八），1999 年。
11. 中国社会科学院现代史研究室、中国革命博物馆党史研究室编：《一大前后：中国共产党第一次代表大会前后资料选编》，人民出版社 1985 年版。
12. 共青团中共青运史、中国社会科学院近代史研究室编：《共产国际与中国青年运动》，中国青年出版社 1985 年版。
13. 中国社会科学院青少年研究所青运史研究室编：《青运史资料与研究》第三辑，1983 年。
14. 中共一大会址纪念馆编：《红旗飘飘：社会主义青年团诞生七十周年专辑》，中国青年出版社 1990 年版。

15. 中共上海市委党史研究室、中国社会主义青年团中央机关旧址纪念馆编：《觉悟渔阳里：上海社会主义青年团创建史料选辑（1919.5—1922.5）》（上中下册），上海人民出版社 2017 年版。

16. 沈自强编：《浙江一师风潮》，浙江大学出版社 1990 年版。

17. 中共浙江省委党史研究室著：《中国共产党浙江历史》第一卷（1921—1949），中共党史出版社 2008 年版。

18. 中共浙江省委党史研究室著：《浙江先进分子与中国共产党的创建》（浙江党史人物丛书），中共党史出版社 2008 年版。

19. 中共中央党史研究室第一研究部编：《共产国际、联共（布）与中国革命文献资料选辑》（1917—1925），北京图书馆出版社 1997 年版。

20. 中共一大会址纪念馆编：《中共首次亮相国际政治舞台（档案资料集）》，上海人民出版社 2016 年版。

后 记

今年是俞秀松烈士诞辰120周年，牺牲80周年。继《俞秀松纪念文集》《俞秀松研究文集》《俞秀松文集》出版后，在中共上海市委党史研究室的领导和帮助下，中国社会主义青年团中央机关旧址纪念馆与上海市中共党史学会渔阳里历史文化研究会合作编写的《俞秀松画传》顺利出版了。

《俞秀松画传》汇集了继父俞秀松的日记、信函、文稿以及工作、生活等各个方面的照片和图片，特别展示了他从家乡的小山村到杭州、上海、北京、苏俄，直至1939年2月21日惨死异国的人生经历。继父俞秀松为中国共产党和青年团的创建，为共产主义革命事业呕心沥血、忠诚奋斗的光辉足迹，为国家为民族的赤子丹心，天地可鉴，日月可表。

本书的编写出版得到了中央档案馆、中华人民共和国驻俄罗斯大使馆、共青团中央青运史档案馆、中共上海市委党史研究室、共青团上海市委、上海市中共党史学会、上海市档案馆、中共一大会址纪念馆、张太雷纪念馆、上海人文纪念博物馆、上海市龙华革命烈士陵园、华东师范大学俞秀松研究中心、上海市中共党史学会渔阳里历史文化研究会、上海音像资料馆、上海市青少年活动中心等单位的领导和同志们的大力支持。

中共上海市委党史研究室主任徐建刚为画传作序，上海市中共党史学会名誉会长唐培吉、张云，上海市中共党史学会会长忻平，副会长唐莲英等在本书的编写过程中，及时地提出宝贵意见和解决问题的方法，为本书的史料真实性和学术价值，作了有力的保障。李瑊主编、王娟副主编统揽画传的资金筹措、资料采集、编写等工作，功不可没。特别鸣谢李玉贞教授、王福曾研究员提供的俄罗斯国家社会政治历史档案馆珍藏的有关俞秀松史料。

谨向上述单位和个人表示衷心的感谢，并希望能继续得到你们的支持和帮助。

在此也向我的爷爷、母亲、父亲和亲属们致以敬意！他们在艰难的革命年代，在“文革”十年，冒着生命危险，相当完好地保存了继父的大量作文、书信、日记和其他遗物，并为资政育人，又无私地分别捐赠给中国国家博物馆、中国军事博物馆、中共一大会址纪念馆、上海市龙华烈士陵园、中国社会主义青年团中央机关旧址纪念馆、上海人文纪念博物馆、浙江省档案馆、乌鲁木齐市革命烈士陵园、诸暨市档案馆等单位，为中共党史、共青团史的研究提供了大量第一手资料。

《俞秀松画传》的出版，相信一定能够为史学专家和学者提供帮助。近些年来研究俞秀松的文章很多，亦很精彩，画传的出版，希望能够对俞秀松一生中的某些重要时段和人物的关系等方面的深入研究有所助益，比如：在中共早期和国共合作期间，赴苏联开会、学习、工作期间，中共与苏共、共产国际关系，迎接西路军入疆，确保新疆永久为中国领土，以及与陈独秀、张太雷、施存统、周达文、董亦湘等人的关系方面。希望《俞秀松画传》的出版，有助于在这些方面进行深入细致的相关比较研究，以便将俞秀松烈士一生经历中那一段段被封存的历史，更加明晰地展示在世人的面前。

由于我们水平有限，漏误和不足之处，恳请学界同仁及广大读者予以批评指正。

俞敏

2019 年 3 月

图书在版编目(CIP)数据

俞秀松画传 / 李瑊主编. -- 上海: 学林出版社,2019.6
ISBN 978-7-5486-1536-1

Ⅰ.①俞… Ⅱ.①李… Ⅲ.①俞秀松-传记-画册
Ⅳ.①K827=6

中国版本图书馆CIP数据核字(2019)第103689号

责任编辑 胡雅君
装帧设计 汪 昊

俞秀松画传

李瑊 主编
王娟 俞敏 副主编

出 版 学林出版社
(200001 上海福建中路193号)
发 行 上海人民出版社发行中心
(200001 上海福建中路193号)
印 刷 上海丽佳制版印刷有限公司
开 本 720×1000 1/16
印 张 15.25
字 数 18万
版 次 2019年6月第1版
印 次 2020年5月第2次印刷
ISBN 978-7-5486-1536-1/K·145
定 价 80.00元